HISTOIRE

DES

SIX DERNIÈRES ANNÉES

DE

L'ORDRE DE MALTE.

HISTOIRE

DES

SIX DERNIÈRES ANNÉES

DE

L'ORDRE DE MALTE.

1805.

DISCOURS PRÉLIMINAIRE.

Un papier public, imprimé à Londres, m'accuse d'avoir trahi, en faveur de la France, l'Ordre de Malte qui m'avait confié la direction de ses fortifications, et mon honneur offensé veut repousser cette accusation. Quelque Français que je sois, jamais je n'eusse voulu servir ma patrie par une trahison, et je me croirais indigne de ce nom, si j'avais pu concevoir une idée aussi basse. Je veux donc repousser cette inculpation odieuse, indigne de mon caractère, indigne d'un vrai Français.

Les membres de l'Ordre de Malte qui se sont trouvés à l'événement fatal, qui fait le sujet de cette histoire, sont chargés envers leurs confrères absens d'une sorte de responsabilité qu'ils doivent acquitter, en montrant qu'ils n'ont pu parer aux malheurs qui les ont accablés, et à la perfidie qui les a détruits. Ils doivent rejeter cette responsabilité sur ceux auxquels elle appartient toute entière. Ils doivent prouver que, si les chefs de l'Ordre et ses conseils avaient fait ce que leur devoir leur imposait, ce que les cir-constances leur commandaient impé-rieusement, et ce que les membres de l'Ordre dévoués à leur devoir s'efforçaient de leur persuader, jamais l'Ordre de Malte n'eût péri; ou du moins que la gloire dont ils se seraient couverts en tombant, eût honoré ses défenseurs, et ceux qui se seraient alors glorifiés de partager avec eux ce nom qui les unissait. C'est ce que je veux prouver par chaque ligne de cette histoire.

Je veux aussi laver mes compagnons d'infortune du reproche dont on a voulu les noircir : victimes de la trahison, sans savoir d'où elle partait, ils ont succombé sans résistance ; mais pouvaient-ils seuls démêler et arrêter une trame profondément ourdie, et dont ils soupçonnaient à peine l'existence ; relégués, ainsi que moi, sans communication avec l'Europe, on a cru notre voix étouffée, et ceux qui, par leur trahison et leur impéritie, ont entraîné l'Ordre de Malte dans sa ruine, ont cru pouvoir se laver en rejetant sur nous tout l'odieux de leur conduite ; mais la vérité les attend, et elle fera tomber le masque dont ils ont voulu se couvrir.

Lorsque nous avons vu détruire notre patrie adoptive, libres des sermens qui nous liaient à elle, nous avons été rendus à celle que la nature nous avait donnée ; nous avons pris alors le parti qui restait à des gens de courage, celui de voler aux combats sous ses étendarts ; sans aller briguer la faveur incertaine des grands, ou leur flétrissante pitié, nous avons voulu faire nous-même notre sort. Beaucoup ont déjà scellé de leur sang cette réunion, et tous ont frémi d'indignation de se voir noircis par des accusations infâmes.

Ma position ne me laisse pas encore entrevoir quand et comment je pourrai publier cet écrit ; mais ce moment heureux arrivera, et la calomnie honteuse s'anéantira devant l'éclat de la vérité. En tout cas, je le lègue à mes frères, et, à leur défaut, à ma famille. Ils sauront par lui que leur frère fut toujours digne de leurs vertus, et ils pourront détruire la tache dont on a voulu noircir sa réputation.

Je serai peut-être sévère dans cet écrit, mais je serai juste et vrai : je ferai même plus, j'épargnerai jusqu'à ceux qui m'ont fait le plus de mal, lorsque je pourrai, sans altérer la vérité de l'histoire, ensevelir leur nom dans un silence favorable.

Cet écrit pourra être de quelqu'intérêt pour ceux qui ont pris à l'Ordre de Malte celui que ses hauts faits, depuis son origine, doivent inspirer. Il est curieux de savoir comment est tombé, sans effort, cet Ordre qui avait toujours été l'écueil de l'empire ottoman, lorsqu'il fesait trembler l'Europe !.... Comment ces fortifications redoutables, si vantées dans l'Univers, n'ont pas résisté vingt-quatre heures aux Français?.... L'histoire de cette courte et honteuse défense ne jeterait pas assez de lumières sur ce fait; il faut remonter plus haut, et faire voir ce qui a amené cette chûte étonnante. Je serai forcé de parler souvent de moi, mais on ne doit pas perdre de vue que ma justification est associée à l'histoire de nos derniers momens.

Je ne crains pas que le détail de ce que j'ai fait en faveur de l'Ordre de Malte puisse me nuire dans l'esprit des Français. Membre de cet Ordre depuis mon enfance, chargé d'une de ses plus intéressantes fonctions, j'ai dû faire pour lui tous les efforts dont j'étais susceptible. Ils seront garants de ceux que je ferai pour ma patrie, au service de laquelle je suis rentré depuis cette époque.

Je crois d'ailleurs que ceux qui voudront y réfléchir avec attention et sans préjugés, conviendront que c'était bien servir la France que de travailler à maintenir un Ordre que ses relations devaient toujours lui attacher en dépit des événemens. Mais si cette vérité ne les frappe pas, comme elle le devrait, ils verront du moins qu'ils n'ont pas à rougir d'avoir un traître parmi eux. Quant à moi, je préférerais le sort le plus affreux à l'idée de laisser peser sur moi le soupçon d'une trahison.

Je suis venu à Malte, en 1791, autorisé par le gouvernement français, muni d'un congé, et d'un passe-port du ministre des relations extérieures; ce congé m'a été prolongé en 1792. Je n'ai pas rejoint en 1793, parce que le Grand-Maître Rohan me l'a défendu. J'ai réclamé mes droits lorsque la France a envoyé un agent consulaire à Malte. Je les ai encore réclamés lorsque Rohan me chargea d'ouvrir une correspondance officielle avec Carnot et Letourneur; mes intérêts et ceux de l'Ordre étaient traités dans la même lettre; j'ai adressé mes réclamations à Faypoult, le ministre de Gênes : j'ai refusé de favoriser à Malte les intérêts d'une grande puissance; j'ai refusé de favoriser ceux de la France toutes les fois qu'ils n'ont point été d'accord avec ceux de Malte, parce que j'ai cru qu'un membre de l'Ordre de Malte ne devait connaître d'autres intérêts que ceux de son Ordre.

Lorsque le C. Poussielgue est venu à Malte avec une lettre de Faypoult pour moi; j'ai pénétré ses intentions malgré son adresse. Il m'a parlé de l'inquiétude que la France avait d'un Grand-Maître allemand, qui pouvait s'entendre avec l'empereur, maître de Trieste, et se faire désintéresser par une principauté en Allemagne; qu'on craignait qu'il ne traitât aussi avec la Russie ou avec l'Angleterre; que la France, à la vérité, pouvait lui faire les mêmes avantages, et même plus, en lui donnant à lui et à son Ordre Corfou et Céphalonie. Il m'a offert ses services auprès du général Bonaparte, s'est chargé de mes réclamations et m'a demandé une lettre pour ce général, et je la lui ai donnée : elle portait sur le desir et les droits que j'avais de reprendre mon service en France, et il m'était en rien question de Malte; sur cet objet je ne cachai pas à Poussielgue que je pénétrais ses vues ; que la France formait des projets de conquête sur Malte, mais que tant que je

me trouverais à son service, je ferais
tout ce qui dépendrait de moi pour la
défendre jusqu'à son dernier moment:
il m'assura fort que je me trompais à
cet égard; que la France était l'amie
de Malte, et ne voulait pas l'attaquer:
il me dit beaucoup de choses honnêtes
relatives à ma résolution, et que tout
ce qu'il avait à me demander était de
m'opposer à ce qu'aucune puissance
n'acquit à Malte plus de prépondérance que la France. Rien n'était plus
conforme à mon systême, et je le lui
promis. Il ajouta que je n'aurais pas
long-tems à soutenir ces intérêts, que
je ne tarderais pas à recevoir des ordres
pour rejoindre l'armée d'Italie. Voilà
le résultat de toutes nos conversations.
Il resta environ douze jours à Malte,
pendant lesquels je ne le vis que chez
moi; je relevais d'une maladie mortelle qui ne me laissait pas la liberté

de marcher, et je ne sortis de mon lit que long-tems après son départ de Malte. Je n'ai plus entendu parler de lui, et je ne l'ai revu que lorsqu'il est venu en parlementaire pour la reddition de Malte.

J'ai exposé tout ce qui me concerne avec vérité et franchise ; je vais parler de même des faits déplorables que j'ai entrepris de développer.

HISTOIRE

HISTOIRE

DES

DERNIÈRES ANNÉES

DE L'ORDRE

DE

SAINT-JEAN DE JÉRUSALEM,

A MALTE.

L'Ordre de Malte a péri ; car la perte qu'il a faite de Malte et les événemens subséquens doivent amener promptement sa destruction. Cet Ordre célèbre par tant de combats et tant de victoires , par des siéges à jamais consacrés dans l'histoire , pour les actes de valeur qui les ont illustrés ; cet Ordre qui brava long-tems les efforts de l'empire ottoman , au centre duquel était le siége de sa domination ; cet Ordre,

B

dis-je, est tombé sans efforts et sans combats...
Quels événemens ont produit tant de chan-
gemens et amené cette chûte étonnante ?.....
Témoin oculaire de cette catastrophe, l'auteur
peut en parler pertinemment, et son honneur
lui impose la loi de le faire.

La décadence de l'Ordre de Malte a été préparée par des événemens qu'il n'était pas en
lui de prévoir, et auxquels il ne pouvait pas
parer : l'affaiblissement de l'empire ottoman
fut un des principaux ; lorsque la mollesse des
sultans fit perdre aux Turcs, avec leur esprit
guerrier, cette ardeur de conquête et d'enva-
hissement qui fesait trembler l'Europe, les
puissances chrétiennes cessèrent de prendre le
même intérêt à un Ordre qui, par son insti-
tution, était l'ennemi naturel des Turcs, qui,
par une guerre continuelle, minait leurs forces,
qui portait souvent le ravage dans le cœur de
leur empire, et qui, en les obligeant souvent
à des armemens puissans, formait une forte
diversion aux efforts qu'ils auraient pu faire.
On semblait depuis ne se souvenir de cet Ordre
que lorsque la cupidité des souverains voulait
porter atteinte aux propriétés qu'il avait dans

les divers états de l'Europe , ou lorsqu'il sur-
venait quelque guerre contre les Tucs , ou les
puissances barbaresques ; on appelait alors les
galères , et le bataillon de Malte si redouté des
Turcs. Ce corps célèbre par son union , sa valeur et sa discipline , prenait toujours la tête
des attaques , et ne connaissait que la victoire
ou la mort.

La prise de Rhodes ; et l'établissement des
chevaliers de Saint-Jean de Jérusalem à Malte,
les éloigna de ce voisinage immédiat de leurs
ennemis , qui les tenait sans cesse les armes
à la main ; mais l'esprit guerrier de cet Ordre
s'était encore conservé : sans cesse en course
dans l'Archipel , il fesait des tentatives fréquentes sur les îles turques , il attaquait et en-
levait ses vaisseaux de guerre et de commerce,
et il lui causait tant de troubles , que Soliman II
résolut de le chasser de ce nouvel asyle , d'où
il portait la désolation dans ses états.

Malte n'avait alors pour défense que trois
petits forts isolés : il soutint un siége de quatre
mois qui coûta 3o,ooo hommes à Soliman ;
l'arrivée du secours de Sicile força les Turcs

de se rembarquer avec beaucoup de désordre
et de perte, mais ils ne laissaient aux défenseurs de Malte que des monceaux de ruines,
que cependant le Grand-Maître La Vallette
résolut de défendre et de fortifier ; il jeta les
fondemens de ces belles fortifications, aux travaux desquelles il mit lui-même la main, ainsi
que tout son Ordre, sans que ces utiles travaux l'empêchassent de faire continuer les croi-
sières contre les Turcs.

Les ressources de ce grand homme consis-
taient dans une imposition très-considérable
qu'il leva sur les commandeurs, et dans quelques secours pécuniaires qu'il tira du roi d'Espagne ; la France agitée et déchirée par ses
guerres civiles ne put lui fournir d'argent, mais
Laparelli, l'un des meilleurs ingénieurs français, donna le plan des fortifications de Malte
qu'il traça lui-même.

Ces secours eussent été insuffisans pour les
immenses travaux qu'il entreprenait, et dont il
légua la suite à ses successeurs, mais ils trou-
vèrent une ressource inépuisable dans l'audace
et la valeur des chevaliers, qui fesaient des

courses et des expéditions continuelles dans l'Archipel et dans le Levant, d'où ils ramé-naient de nombreux prisonniers et des sommes considérables, que La Vallette et ses succes-seurs employèrent toujours aux travaux publics, et qui leur donnèrent le moyen d'élever ces fortifications qui auraient à jamais dû rendre Malte imprenable, si les fortifications pouvaient se défendre seules.

Pendant tout le dix-septième siècle l'esprit militaire de l'Ordre de Malte se soutint encore avec vigueur ; il prenait part à toutes les expé-ditions des puissances chrétiennes contre les Turcs et les Barbaresques ; il se distingua au siége de Candie, autant par sa valeur que par ses soins personnels et généreux envers les ma-lades et les blessés : lorsque Louis XIV fit des expéditions contre les Barbaresques, Malte y envoya ses escadres et ses troupes, et à la prise de Gigeri, le pavillon maltais fut le premier planté sur les remparts de la ville : dans la guerre que les Vénitiens firent à Mahomet IV, sur la fin du dix-septième siècle et au commen-cement du dix-huitième, l'Ordre de Malte leur fournit et entretint un corps de troupes et une forte escadre. Quelques années après il envoya des troupes jusqu'en Hongrie , pour prendre part aux guerres entre la maison d'Autriche et la Porte ; et lorsque les Turcs et les Barbaresques formèrent une marine plus forte que celle qu'ils avaient eue jusqu'alors , l'Ordre de Malte construisit aussitôt des vaisseaux de ligne et des frégates. Des combats célèbres et fréquens illustrèrent encore son pavillon , et lui conservèrent la supériorité qu'il avait toujours eue sur eux. Cela vint au point que les Turcs n'osant plus naviguer sur leurs propres côtes , sous leur pavillon , recoururent à celui de la France , qu'ils savaient être la protectrice et l'amie de Malte. Ce cabotage employait un grand nombre de vaisseaux et de matelots , et rapportait beaucoup d'argent à Marseille. Pendant les guerres fréquentes de la France et de l'Angleterre , le cabotage éprouvait des obstacles ; les Turcs tentaient alors de naviguer sous leur pavillon , mais les corsaires maltais , toujours présens , les punissaient bientôt de s'y être exposés.

Le gouvernement turc crut devoir s'en prendre aux négocians français , disant que l'influence de la France sur Malte était trop forte pour qu'elle ne put arrêter ces courses, si elle le voulait. Les plaintes du commerce français, sur les vexations qu'il éprouvait, déterminèrent la France à exiger de Malte que ses vaisseaux n'iraient pas dans l'Archipel et les mers d'Égypte et de Syrie.

Le gouvernement français n'avait pas calculé ses intérêts ni ceux de son commerce dans cette démarche, car les sujets de l'empire ottoman, rassurés par la sécurité de leurs mers, devaient finir par faire eux-mêmes leur commerce, et l'on aurait bientôt vu cesser le profit immense que Marseille retirait de la caravanne, et finir cette utile école de matelots qu'elle formait.

En effet, à l'époque de la révolution le pavillon turc se montrait déjà en assez grand nombre.

Mais si la France s'était fait du mal par cette démarche, elle en avait causé un bien plus grand à l'Ordre de Malte : elle avait porté un coup mortel à l'esprit militaire, qui fesait toute sa force. La course dans les mers du Levant, périlleuse par les combats qui se livraient contre les vaisseaux et les caravelles de guerre des Turcs, formait des officiers, des soldats et des marins courageux, endurcis aux fatigues et aux périls de la guerre. Malte dut alors se borner à la course contre les Barbaresques, très-utile, à la vérité, pour le commerce, mais bien moins périlleuse par la supériorité de sa marine sur celle de ces corsaires : l'esprit militaire s'en affaiblit.

L'esprit public n'en souffrit pas moins ; le danger qui accompagnait les caravannes auxquelles chaque individu était assujéti, fesait que personne ne pensait à s'en dispenser ; on venait à Malte, on y fesait de longs séjours, on s'y attachait par la vue des grands travaux, dont les résultats frappaient les yeux ; par le souvenir des grandes actions qui étaient retracées par-tout ; on s'honorait, on se glorifiait d'être membre d'un Ordre qui avait été une pépinière de héros : ce n'était plus une vaine distinction de naissance qui en fesait le prix, c'était la gloire de ses devanciers à laquelle on semblait s'associer et que l'on brûlait d'atteindre. Les ames sensibles à la gloire jugeront bien mieux de cet effet qu'on ne peut l'exprimer. Il en résultait un esprit public et un attachement profond pour l'Ordre dont on était devenu membre.

Les caravannes ayant cessé d'être actives, et sur-tout périlleuses, ne parurent bientôt plus qu'une formalité à laquelle on cherchait à se soustraire. La marine et l'esprit militaire s'affaiblirent. On ne venait plus à Malte qu'avec l'intention d'en partir au plutôt, et il n'y restait que ceux qui se destinaient à suivre les emplois du gouvernement de l'Ordre ; on ne retrouvait plus cet esprit public qui animait autrefois ses membres ; la vie tranquille et monotone que l'on y menait, semblait éteindre toute énergie dans ceux qui habitaient Malte depuis long-tems, et elle en chassait ceux qui n'avaient d'autre but que de remplir la formalité qui leur était imposée par la loi. La présence d'une jeunesse toujours tumultueuse quand elle n'est pas contenue par une discipline sévère, et qui est sans occupation, devint même un embarras pour le gouvernement, qui leur accorda, pour s'en débarrasser, des dispenses de caravannes ; ainsi s'anéantirent, à la fois,

l'esprit militaire et l'esprit public ; les chevaliers attachés au gouvernement , sans expérience de la guerre, sans expérience des affaires,
d'après le cercle étroit de celles qui les occupaient , étaient peu propres à des circonstances
orageuses et difficiles. Ceux qui suivaient la car-
rière militaire de leur propre pays , connaissant
à peine leur Ordre , étaient sans attachement
pour lui , et n'envisageaient que les avantages
de fortune qu'ils pouvaient en tirer.

Il résulta de cet ordre de choses que l'on laissa
tomber les meilleures institutions ; toutes celles
qui portaient vers la guerre furent les plus né-
gligées ; les Maltais en état de porter les armes
dans les îles de Malte , étaient enrégimentés,
et exercés tous les ans ; on cessa ces exercices ,
qu'on regardait sans objet , et le Maltais perdit
aussi son esprit militaire. N'étant plus occupé
par les campagnes continuelles de l'Ordre , il se
livra au commerce et à la navigation ; et comme
celle de l'Ordre n'était plus capable d'employer
tous ceux qui s'y livraient, on leur permit de
naviguer sur les bâtimens étrangers. Ce fut la
première atteinte que reçut l'attachement du
Maltais à sa patrie et à l'Ordre qui la gouvernait.

Lors de la révolte de 1776 , fomentée par le ministre de Russie , révolte formée et dirigée par les prêtres , qui prirent les armes pour la défense de prérogatives abusives et contraires à tout bon gouvernement ; Malte se trouva dans le plus grand embarras ; la présence d'esprit du bailli de Rohan , depuis Grand-Maître , du commandant du génie , le bailli de Tigné , coupa la communication des rebelles avec la campagne, et le chef de la révolte , qui s'était rendu maître du fort Saint-Elme , ayant été tué par un coup heureux , tout fut appaisé. La France , à cette occasion , desira que l'Ordre de Malte levât un régiment de 1200 hommes d'infanterie , et permit à tous les Français , qui auraient fait un congé en France de s'y engager. Le régiment fut formé , mais le Maltais , qui répugnait à servir avec des étrangers , n'y prit point de service , et n'y gagna rien en instructions.

La révolution vint ; à peine avait-elle mis les biens du clergé à la disposition de la nation , que l'Ordre de Malte fut attaqué , et que l'on sollicita un semblable décret pour ses possessions en France. Plusieurs écrits parurent à ce sujet pour et contre. Parmi ces derniers, les plus remarquables étaient, *Le développement de la motion de Le Camus*; *Observations sur l'Ordre de Malte*; et quelques autres, anonymes. Les droits de l'Ordre de Malte furent fortement défendus, et les erreurs de ses antagonistes relevées dans les ouvrages de Labrillane, d'Estourmel, Montazet et Tousard (1), et par Mayer, littérateur estimable, qui, sans être membre de cet Ordre, entreprit sa défense. Un cri universel de toutes les chambres de commerce du royaume s'éleva en sa faveur; et dans la discussion qui eut lieu à ce sujet, l'assemblée nationale déclara que les Français admis à Malte ne seraient pas regardés comme Français, mais qu'ils pourraient être admis au service français comme étrangers.

---

(1) Nota. *Réflexions sur l'Ordre de Malte*, par Labrillane et d'Estourmel; *Réponse au développement de la motion de Le Camus*, par Montazet; *Réponse aux Observations sur l'Ordre de Malte*; *Lettre du commandeur de T...* à un député de l'assemblée nationale, par Tousard; *Considérations politiques sur l'Ordre de Malte*; trois ouvrages de Mayer, sous le même titre.

En 1791 , le bailli De Tigné , chargé depuis trente ans des fortifications de Malte , donna sa démission de cette place à cause de son grand âge et de la multitude de ses occupations ; le Grand-Maître lui donna pour successeur Tousard , capitaine du génie français , dans lequel il servait depuis vingt-un ans. Cet officier s'y rendit à la fin de décembre 1791 , avec un congé du gouvernement français.

Il n'est pas hors de propos de faire connaître ceux qui étaient alors à la tête du gouvernement de Malte.

Le Grand-Maître Rohan régnait alors ; il avait été élu en 1775 : c'était un homme instruit , qui avait fait la guerre , et vu les principales cours de l'Europe. Il était dans la soixante-sixième année de son âge. Un accident qu'il avait eu dans le mois de juillet de cette année , avait fort altéré sa santé , et il ne sortait plus de son palais que dans les occasions indispensables.

Son caractère était très-froid , et même il était un peu timide ; mais il était affable au peuple, qui avait accès auprès de lui dans tous les momens de la journée, qu'il écoutait toujours avec bonté, auquel il prodiguait ses secours, et dont il était adoré. Il était généreux, plein de courage, aimant à faire le bien sans faste; il ne tenait point à l'appareil de son rang, et malgré sa naissance et seize ans d'exercice de la souveraineté, il était plein de philosophie.

Il avait eu pendant son règne de grandes vues pour l'avantage de son peuple et de l'Ordre qu'il gouvernait. Il avait exécuté beaucoup des premières, mais il avait été gêné pour l'exécution des autres par le peu d'extention de la prérogative de sa place dans le gouvernement de l'Ordre, et il n'avait pas pu faire, à cet égard, tout ce qu'il avait voulu. Il aurait pu suppléer à la trop grande limitation de son autorité, en se fesant un parti par les grâces dont il était distributeur et par l'intrigue, mais il dédaignait celle-ci, et ne voulait pas mettre à prix le bien qu'il fesait. Un long usage des hommes lui avait appris à les estimer peu, et lui avait donné, dans le choix qu'il avait à en faire, une indifférence, dont on pouvait peut-être lui faire un reproche; dégoûté par les obstacles qu'il avait éprouvés, il laissait tout régir par les conseils qu'il avait nommés, et les influençait très-rarement par son avis : c'était un malheur de plus pour l'Ordre dont il était le chef.

Les conseils étaient, 1°. Celui des finances, dit du trésor, qui était entièrement mené par Bosredon de Rensijat, homme d'esprit et fort instruit, mais zélé partisan de la révolution française, et qui, oubliant que son devoir envers son Ordre lui imposait des obligations différentes de celles qu'il aurait pu avoir comme Français, n'avait d'autres vues que celle de précipiter l'État, dont les finances lui étaient confiées, dans cette révolution qui le menaçait.

Les autres membres de ce conseil, dont il n'était que secrétaire avec voix consultative, régis et entraînés par lui, n'agissaient que d'après sa volonté, et ne méritent pas d'être nommés. Un seul d'entr'eux doit être excepté, le bailli de Loras ; il cherchait à arrêter le torrent ; mais seul de son parti, ses efforts étaient impuissans.

Le conseil de guerre était composé de quatre grands-croix, qui devaient être de nations différentes. Le chef du génie et le commissaire des fortifications y étaient avec voix consultative, le chef de l'artillerie y était appelé, lorsqu'il était question de son arme, et n'y avait de même que voix consultative.

Le président de ce conseil, le bailli de Tigné, avait servi trente ans avec distinction dans le génie français, et avait fait tous les siéges de Flandres. C'était un homme d'un jugement très-sain ; son âge et sa réputation en imposaient, et ses résolutions, soutenues par le Grand-Maître, l'emportaient toujours.

Les trois autres grands-croix étaient le bailli de Frizari, Napolitain, qui n'avait aucune connaissance militaire, et qui, par économie, aurait voulu supprimer toutes les dépenses de la guerre et raser les fortifications ; le bailli de Cascanarès, Espagnol, ami intime et dévoué de Ransijat, dont il partageait les opinions, et qui, en conséquence, s'opposait vivement à toutes les mesures utiles qu'on aurait voulu prendre. Il était jeune et cherchait à acquérir

des

des connaissances, et il avait les moyens nécessaires ; mais on soupçonnait sa moralité ; enfin, un Bavarois, qui n'y resta que peu de tems après cette époque.

Le commandant du génie Tousard servait depuis vingt-un ans dans cette arme, en France ; il n'avait pas encore fait la guerre, mais il s'était beaucoup occupé de son art en général, et sur-tout de sa partie. C'était un homme d'un caractère entier et roide, tenant avec force aux opinions qu'il avait réfléchies, les disputant avec chaleur, et sans ménagement. Son extérieur froid, joint à ce caractère peu pliant, lui fesait beaucoup d'ennemis, mais il avait aussi des amis, et les soutenait avec toute la chaleur et la force dont il était susceptible. Il avait marqué dans le parti populaire, lors des assemblées des bailliages qui nommèrent les députés à l'assemblée constituante, mais il n'avait pris aucun parti depuis cette époque, par la persuasion où il était que, comme membre de l'Ordre de Malte, il devait être étranger aux opinions qui agitaient la France. Ce fut d'après cette manière de voir qu'il se crut obligé d'aller se réunir à l'Ordre, auquel il tenait par ses sermens, autorisés, lorsqu'il les fit, par le gouvernement français, et dont rien ne pouvait plus le relever : il avait d'ailleurs un véritable attachement pour son Ordre.

Fay, commissaire des fortifications, avait servi quelque tems dans l'artillerie française, et il était à Malte depuis 1776. C'était un homme d'esprit, ayant beaucoup de connaissances. Ami intime de Ransijat, dont il partageait toutes les opinions, mais plus fin et plus politique, il était dangereux par ses liaisons avec les Maltais, dont il travaillait l'opinion, et par sa grande astuce, qui déguisait sa conduite aux yeux même de ceux qui avaient le plus d'intérêt à la démêler. Malgré la persuasion où l'on était de sa liaison avec le parti français, on ne put jamais en avoir de preuves, et il semblait, dans tout ce qu'il fesait, mettre un zèle, qui suffisait pour le couvrir aux yeux peu clairvoyans de ceux qu'il avait besoin de tromper, mais qui ne le cachait pas à ceux d'un observateur attentif.

Bardonnenche était commandant de l'artillerie ; il avait servi dans l'infanterie française, et n'avait aucune connaissance de l'armé qu'il commandait par une nomination de privilége. On l'a accusé d'intelligence avec les Français ; bien des faits déposés et reconnus depuis, semblent fonder cette opinion, que l'influence que Fay avait pris sur lui pouvait accréditer ; mais, jusqu'au moment de l'attaque, l'auteur n'a rien vu qui puisse lui faire croire que cette accusation soit fondée. On peut avoir abusé de son ignorance pour exécuter des choses nuisibles, et pour ne pas remplir des ordres donnés, en y mettant des obstacles qu'il ne savait pas lever.

Le conseil d'état était composé du bailli Des Pennes, Français, qui avait été long-tems chargé des affaires de France à Malte, homme d'esprit, mais trop âgé pour prendre l'essor et la direction que les circonstances nouvelles, où l'on se trouvait, devaient donner au gouvernement maltais ; du bailli Argote, Espagnol, et ministre de la cour, honnête homme, mais sans talent d'aucun genre ; du bailli Hompesch, Bavarois, qui fut depuis Grand-Maître, et qui était ministre de l'empereur, à Malte. Il n'était jamais sorti de Malte, et nulle expérience ne suppléait à son défaut de lumières. On lui accordait du bon sens , mais au conseil d'état il ne pouvait jamais se rappeler qu'il y siégeait comme membre de l'Ordre de Malte , et non comme ministre impérial ; du bailli Tomasi, Toscan , ministre du grand-duc , qui était toujours d'accord avec Hompesch , pour voir les intérêts de la maison d'Autriche avant ceux de Malte. Il avait commandé les vaisseaux de Malte, et était plus instruit que Hompesch , mais il était peu aimé du peuple de Malte. Il briguait cependant très-ouvertement la succession du Grand-Maître Rohan.

Trois secrétaires d'état dirigeaient les affaires étrangères. Celles de France , d'Allemagne et du Nord , étaient confiées au commandeur De Royer , Français , âgé de soixante-huit ans , homme de beaucoup d'esprit et de finesse ; ayant une grande habitude des intrigues de Malte , mais il aimait trop sa tranquillité , et laissait tout faire à Doublet , son secrétaire, qui était entièrement dévoué à Ransijat , auquel il communiquait toute la correspondance de son département ; ensorte , que rien ne se projetait ou ne s'écrivait qui ne fût su dans le

parti français. Ce secrétaire écrivait très-bien,
et avait beaucoup de talent, sur-tout celui de
cacher à son principal le but de sa conduite,
et d'abuser de l'empire qu'il avait sur lui,
pour lui faire faire les choses auxquelles il répugnait le plus.

Les affaires d'Espagne étaient conduites par
le bailli De Cascaxarés; mais le Grand-Maître,
qui l'aimait peu, et qui n'avait pas de confiance
en lui, s'en servait rarement pour la correspondance.

Le chevalier de Miari, Vénitien, avait les
affaires d'Italie, mais elles étaient de peu de
conséquence; et l'ambassadeur de Malte, à
Rome, étant Français, Royer fesait toutes les
dépêches qui avaient quelqu'intérêt.

Tel était le tableau politique de Malte à l'ouverture de l'année 1792. On voit combien il
était difficile que des conseils, ainsi composés,
pussent se conduire d'une manière convenable
aux circonstances dans lesquelles le gouvernement se trouvait. On temporisait, et comme on
se voyait arrivé à l'année 1792, sans avoir

succombé dans tous les renversemens qui avaient
eu lieu en France, on croyait devoir ce bon-
heur à la conduite que l'on avait tenue, et que
l'on ne devait jamais s'en écarter. Cette conduite avait été primitivement conseillée par les
membres de l'assemblée constituante, qui pre-
naient intérêt à la conservation de l'Ordre de
Malte. Ils avaient jugé, par les réclamations
universelles du commerce de France, en faveur
de cet Ordre, que la décision sur lui, tenait
à des considérations majeures qu'on n'avait pas
envisagées d'abord, et ils s'étaient opposés à ce
qu'on portât atteinte à ses propriétés ; mais
l'assemblée législative qui la remplaçait, ne
montrait pas autant de circonspection dans sa
marche, et devait inspirer plus d'inquiétudes.
Voilà ce qu'on ne sentait pas ; la routine était
prise et on la suivait : il eût fallu de la réflexion
et du mouvement pour la changer.

L'opinion publique à Malte, n'était guères
douteuse à cette époque. On n'y aimait pas la
révolution, et on la craignait. Cet amalgame
de nations qui formait l'Ordre de Malte, était
composé d'individus qui en avaient souffert dans
leurs familles, dans leurs personnes et dans

leurs biens, ou de nations ennemies de la France ou prêtes à le devenir. Cette situation ne pouvait pas donner beaucoup d'amis à la France dans Malte, d'autant que l'esprit public étant tout-à-fait perdu, l'union entre les différentes nations qui composent l'Ordre, qui en eût été le résultat, était également perdue ; chacun y portait son caractère et son esprit particulier, ne pensait qu'aux intérêts de son pays, et ils oubliaient tous que, devenus membres de la république maltaise, ils devaient faire entièrement abstraction de leurs préjugés particuliers, pour ne s'occuper que des intérêts de leur état.

Cependant, la révolution française avait quelques amis ; ils n'étaient pas très-nombreux dans le fait, mais la voix publique augmentait leur nombre, et comme ils étaient très-adroits, ils étaient fort aises qu'on leur donnât aussi de la consistance. Ceux que l'on disait aristocrates n'étaient pas si tolérans ; il fallait être exagéré comme eux, partager aveuglement toutes leurs opinions, leurs haines, et leur sacrifier même les intérêts de l'Ordre ; la moindre hésitation imprimait, à celui qui la fesait, le sceau de la

démocratie. C'est ainsi que Tousard fut bientôt classé dans ce dernier parti.

A son arrivée à Malte, il s'était attaché à
connaître quels étaient les vrais intérêts de l'état
maltais. La France avait épargné les propriétés
de l'Ordre, et il croyait que le salut de l'état
dépendait de la bonne intelligence où l'on serait
avec elle. Loin de cacher son opinion, il la
disait hautement, et fesait voir que tous les
intérêts, les relations politiques et commer-
ciales de Malte, le ramenaient vers la France;
que dans les circonstances où l'on était, il fallait
se dépouiller de tout préjugé et de tout intérêt
particulier, pour ne s'occuper que de l'intérêt
général de l'Ordre dont on fesait partie; qu'enfin, il ne devait exister à Malte, ni aristocrates,
ni démocrates, ni Français, ni Espagnols, ni
Allemands, mais seulement des Maltais.

Le Grand-Maître, qui prenait confiance en
lui, l'écouta plusieurs fois, et trouvant ses idées
raisonnables, il l'autorisa à écrire à Carnot,
l'aîné, son camarade, alors député à l'assemblée
législative, pour lui montrer les points par lesquels on pouvait rattacher Malte à la France;

que la constitution française, quelque démo-
cratique qu'elle fut, pouvait, à l'instar des
cantons démocratiques de la Suisse, permettre
aux Français d'entrer dans l'Ordre de Malte,
en fesant faire le choix des sujets par les dépar-
temens; que cela offrirait même les moyens de
récompenser les pères d'une famille nombreuse
qui auraient bien servi l'état, et que la France
conserverait ainsi la prépondérance que le grand
nombre de Français lui donnait dans le gouvernement de Malte. Mais cette lettre resta sans
réponse; elle dut arriver dans un moment où
la chûte du trône devait exalter toutes les têtes,
et ne laisser aucun jour à des idées que, dans
tout autre tems, on aurait trouvé raisonnables.

Lorsque Tousard prit la direction des fortifications de Malte, beaucoup de choses y
manquaient, et beaucoup d'autres étaient en
très-mauvais état. Les fonds appliqués aux fortifications étaient d'environ 31,000 livres; mais
il était dit par les réglemens, que lorsqu'il y
aurait des travaux jugés nécessaires, le conseil
ordonnerait au trésor de les fournir. Une demande faite et passée au conseil, à laquelle le
trésor refusa de satisfaire, apprit à Tousard ce

qu'il devait espérer ; car , pendant qu'on lui
refusait des choses indispensables , on appli-
quait des fonds énormes à un bâtiment de luxe ,
qu'on bâtissait avec si peu de jugement , qu'a-
vant d'être fini il menaçait déjà d'écrouler. Il
résolut donc de ne mettre en réparations que
ce qui était strictement indispensable , et d'ap-
pliquer en corrections et améliorations tout le
surplus. Il communiqua son idée au bailli de
Tigné , qui l'approuva. Il y avait encore des
fonds étrangers, appliqués par le Grand-Maître,
dont il pouvait disposer pour les fortifications ;
avec cela il répara et corrigea le corps de place
de Ricazoli , et il y ajouta des ouvrages neufs
et des casemates.

- Pendant que ces travaux étaient en train ,
le Grand-Maître chargea Tousard d'une mission
auprès du pape , qui le tint environ deux mois
et demi absent ; ce fut pendant ce voyage qu'il
apprit la prison du roi , et peu après le décret
qui ôtait à l'Ordre de Malte ses propriétés en
France , la prise du comté de Nice et l'expul-
sion des Prussiens de France. Il fut à même de
juger de l'effet que produisaient ces nouvelles ;
il vit de quelle terreur toute l'Italie était frap-

pée, et combien Naples, et le pape même, protecteur immédiat de l'Ordre de Malte, mettaient peu d'intérêt à l'énorme spoliation qu'il éprouvait ; la dernière audience qu'il eut de lui fut frappante à cet égard. A son passage à Naples, le premier ministre, Acton, le chargea de dire au Grand-Maître de se maintenir en bonne intelligence avec la France ; il en conclut que si l'Ordre de Malte ne cherchait pas lui-même à faire son sort, chaque puissance, occupée d'elle-même, chercherait à l'entraîner dans des démarches qui pourraient accélérer sa perte. Plusieurs tentatives qui ont été faites depuis, ont prouvé la réalité de ce qu'il ne fesait alors que prévoir.

A son retour à Malte, il trouva tout en alarmes ; on était menacé par les armées françaises, et la flotte qui fesait voile dans la Méditerrannée. L'on venait de former les régimens de campagne ; on les exerçait ; on armait les batteries de côte, abandonnées depuis longtems, et l'on avait nommé les généraux : ce choix n'était pas rassurant.

Le général en chef, l'était par sa charge de

sénéchal, qui lui donnait le droit de commander toutes les troupes de la campagne : c'était un vieillard qui n'avait jamais vu de troupes qu'à la parade de Malte, où il avait passé sa vie. Un Allemand, sourd et maladif, commandait les troupes de l'Est, et le bailli du Tillet, officier-général français des gardes du corps, commandait les troupes de l'Ouest. Il n'entendait rien à la guerre, mais il criait très-haut, et était l'écho de tous les crieurs.

Les dispositions des Maltais étaient excellentes ; ils coururent tous aux armes : les jeunes gens nommés aux emplois d'officiers, quoiqu'ils n'eussent pas de paye, furent bientôt revêtus de leurs uniformes, armés et équipés ; on avait ouvert un emprunt au trésor, que le secrétaire Ransijat décriait de tout son pouvoir, et le Maltais qui n'avait pas de confiance en lui, n'y porta que peu d'argent ; mais beaucoup, et sur-tout des gens de la campagne, allèrent en offrir au Grand-Maître, qu'ils aimaient. La délicatesse de celui-ci ne lui permit pas de l'accepter ; il les renvoyait au trésor, où ils ne voulaient pas aller.

Le conseil de guerre, augmenté des généraux, s'assemblait sans cesse, mais on n'y prenait aucune résolution ; c'était un champ de bataille où chacun disputait d'après ses opinions et le motif qui le guidait ; la manière de se défendre, sur-tout, fut l'objet de vives discussions. Un esprit de vertige semblait s'être emparé de tous ceux qui devaient concourir à cette défense : on crut les paysans maltais transformés en soldats, qui, à l'aide de quelques retranchemens, qu'une vieille tradition fesait croire inexpugnables, pouvaient arrêter et dissiper une armée de Français. Le commandant du génie, qui avait reconnu avec soin les obstacles que l'art avait préparés pour la défense de la campagne, s'était convaincu qu'ils étaient de peu de valeur, et qu'ils n'en pouvaient tirer aucune des efforts des Maltais, dirigés par des chefs sans talens et sans expérience ; il demanda qu'on se bornât à défendre la ville et les fortifications qui entourent ses ports, avec quelques points intéressans au-dehors ; il disait que la force d'inertie qu'on opposerait par-là, était une défense réelle ; que les Français n'avaient pas de moyens assez considérables en mer pour tenir long-tems devant Malte, et que les nations intéressées à sa défense ne l'auraient pas laissé tomber entre leurs mains. L'on ne pouvait alors craindre qu'un blocus actif, et deux mois de résistance suffiraient pour faire arriver une flotte anglaise, qui l'aurait fait lever par sa seule présence, sans intéresser la liberté de l'Ordre. Il demandait qu'on ne s'occupât de la campagne, que pour avoir le temps de rentrer toutes ses ressources dans la ville, aussitôt qu'on appercevrait l'ennemi, afin qu'il n'y trouvât aucun moyen de subsistance. Il y avait alors à Malte 3000 hommes de troupes réglées, mais elles n'avaient jamais vu le feu : on pouvait réunir 12 à 15000 paysans armés. Toutes ces troupes rassurées par des bons parapets, couvertes par des casemates, se seraient aguerries et faites au feu, et elles auraient opposé une résistance très-réelle aux attaques formées sur les forteresses, d'autant plus que, craignant beaucoup la révolution, le Maltais aurait combattu *pro, aris et focis.*

Le Grand-Maître Rohan avait trop d'esprit et de jugement pour ne pas adopter ce plan de défense, mais il laissait agir le conseil de guerre, qui était entraîné par toute la jeunesse de l'Ordre. Celle-ci ne consultait que son courage, et croyait qu'il devait suppléer à tout ; et si les Français avaient effectué leur attaque, la défense de la campagne, mal combinée et plus mal soutenue, aurait entraîné le découragement, et des désastres pareils à ceux dont Malte a fini par être victime. Heureusement l'attaque n'eut pas lieu, la flotte française fut à Naples, qu'elle obligea de faire la piax.

Les amis de la France ne s'étaient pas épargnés pendant ce tems ; ils avaient des agens parmi la jeunesse qui répandaient des bruits, échauffaient les têtes, et fesaient accuser de trahison ceux dont la conduite ne cadrait pas à leurs vues. Ils avaient fait sonder Tousard, mais le trouvant résolu à faire ce que l'honneur lui dictait dans la position où il était, ils le signalèrent à leurs agens qui firent courir sur lui les bruits les plus ridicules, pour tâcher de le dégoûter ; mais soutenu et encouragé par la confiance que lui montrait le Grand-Maître, il brava les clameurs et alla toujours droit à son but.

Au conseil de guerre, Cascaxarés combattait

toutes les résolutions avec une telle aigreur, que le bailli de Tigné, président, auquel il manqua plusieurs fois, finit par donner sa démission. La présidence tomba au bailli Hompesch, et la place vacante fut donnée au bailli du Tillet. Fay, plus politique, ne disait rien, mais il n'en était pas moins actif; c'est lui qui avait le plus de moyens de faire influencer la jeunesse.

Au trésor, Ransijat fesait refuser tous les fonds que le Grand-Maître et le conseil ordonnaient sur la demande du conseil de guerre, ensorte que tout était entravé. La clameur contre lui était universelle, à tel point qu'il se crut obligé de donner sa démission; le Grand-Maître ne voulut point l'accepter la première fois, mais la seconde il lui nomma un successeur; ce n'était pas ce qu'il voulait, ni l'intention de ses amis; ils intriguèrent tellement, qu'ils firent faire une députation au Grand-Maître, au nom des chevaliers non Français, disant, que Ransijat seul pouvait avoir leur confiance dans cette place, et que s'il était changé, ce serait un obstacle à tout ce qu'on pourrait exiger d'eux pour venir au secours de l'Ordre;

l'Ordre ; Rohan céda, et fit dire à celui qu'il avait choisi, qui était en Sicile, de ne pas venir : l'on peut juger de la force que Ransijat et ses amis acquirent par cette victoire.

Cependant, le mouvement qu'avait imprimé l'apparition des Français se soutenait ; Grégoire ayant sollicité l'envoi d'une flotte à Malte, on s'occupait de la défense de l'île et de la ville ; les réparations et corrections de Ricazoli se poussaient avec activité. Le chef du génie avait demandé, pour mieux assurer la défense de la ville et des ports, un fort sur la pointe de Dragut, qui fut ordonné, ainsi que la correction des bastions Caraffa sous Saint-Elme ; on défendit la rade de *Marsa saroc* par une nouvelle redoute ; mais lorsqu'il fallut obtenir les fonds pour le fort de la pointe de Dragut et les autres réparations, le trésor les refusa encore. Le Grand-Maître, qui en sentait la nécessité, trompa la malveillance en fournissant de sa cassette les premiers fonds nécessaires à cette construction, qui fut poussée avec tant d'activité, que le corps de place du fort casematé était au quatrième mois en état de recevoir du canon.

Mais s'il était nécessaire pour l'Ordre de Malte de se mettre à l'abri d'être attaqué dans son chef-lieu, et de montrer la volonté d'une ferme résistance, il ne l'était pas moins de travailler à se conserver, par une conduite sage et politique, au milieu des écueils de tout genre qui l'environnaient. Lorsque Malte n'avait à combattre que les Turcs, il ne s'agissait que de résister à une invasion et à une attaque; quelque fussent les pertes occasionnées par le siége, l'Ordre trouvait dans ses propriétés, et dans la générosité des princes chrétiens, d'abondantes ressources pour réparer ses pertes et renouveler ses approvisionnemens. La France, alors son principal appui, était celle qui le secourait le plus puissamment (1) ; mais tout

---

(1) En 1715, les Turcs menaçaient d'attaquer Malte ; la France sortait de la malheureuse guerre de la succession, qui avait duré quinze ans, elle envoya des munitions de tout genre, et des officiers d'artillerie et du génie, entr'autres le célèbre Maigret, et Tigné, un des meilleurs élèves de Vauban.

Sur une pareille crainte, en 1761, pendant la guerre de sept ans, elle envoya encore de très-puissans secours en munitions de guerre, et des officiers d'artillerie et du génie,

avait changé, c'était la France, sa protectrice de tous les temps, qu'il avait à redouter ; elle avait envahi la plus belle partie de ses propriétés, et le menaçait d'une attaque puissante. Il avait en lui-même les moyens de résister à cette attaque ; mais plus sa résistance eût été brillante, plus il aurait épuisé ses ressources, et moins il eût été en état de soutenir une seconde attaque. Il ne devait espérer aucun secours de l'Italie, frappée de terreur par le voisinage des Français, entrés à Nice ; l'Espagne, que la chûte du roi n'avait pas décidée à faire la guerre à la France, n'aurait pas voulu la faire pour secourir Malte ; et l'empereur, engagé dans une guerre sanglante et onéreuse ; était d'autant moins en état de rien faire pour Malte, qu'il n'avait pas de marine. Quant à l'Angleterre, ses secours eussent été peut-être aussi à redouter que les attaques de la France.

C'était donc dans sa politique autant que dans son courage, que l'Ordre devait trouver ses ressources. Les circonstances étaient nouvelles et pressantes ; il fallait une politique nouvelle et hardie. Il fallait braver les préjugés, se dépouiller de ses haines, de ses souvenirs et de ses regrets particuliers , et se concentrer tout entier dans l'intérêt de l'état ; enfin, au milieu de tant de chocs , il fallait n'être que Maltais. Quelques personnes le sentaient, mais aucune n'osait le dire ; Tousard rassembla toutes ces vérités dans un mémoire , dont il donna connaissance au Grand-Maître, qui l'approuva, et qui toutefois lui prédit le sort qu'il aurait. Après avoir exposé la situation politique de l'Ordre , il proposait de traiter avec la France, en demandant pour première clause la garantie de ses biens dans les divers états de l'Europe ; de lui montrer de quel intérêt Malte pouvait être pour elle , et que loin de chercher à l'affaiblir , en lui enlevant ses biens, elle devait plutôt accroître sa force , et faire de son île un dépôt utile pour elle. En effet , tous les blés du Levant, et toutes les ressources de la Méditerrannée pouvaient y être rassemblés, et être convoyés en France par la marine maltaise , qui se serait augmentée pour cet effet, et qui aurait ainsi offert du service et des ressources honorables à tous les chevaliers que la révolution obligeait de se retirer à Malte ; l'esprit militaire se serait ranimé , et l'on aurait évité la catastrophe fatale qui a renversé l'Ordre.

Tousard fut appelé au conseil d'état pour y donner connaissance de ce mémoire, mais il n'y trouva que des oreilles fermées aux vérités qu'il voulait faire entendre. Ce conseil, comme on a vu, était composé de deux ministres de la maison d'Autriche, et de celui d'Espagne ; il eût autant valu le lire au cabinet de Vienne : on donna quelques éloges à son zèle, mais son plan n'eut d'autre suite que celle de le faire regarder comme un homme dévoué à la France ; tellement, qu'un des principaux agens de ce parti s'ouvrit à lui d'une manière positive, et fut très-étonné du refus assez dur qu'il éprouva. Dans le choc des opinions qui agitaient tous les esprits, l'on ne connaissait point de milieu, celui qui n'était pas l'ennemi des Français était leur ami, ce qui provenait de ce qu'il y en avait peu qui fussent les amis de la chose publique.

En proposant ce traité, l'auteur ne se dissimulait pas les suites qu'il pouvait avoir, et les embarras momentanés qu'elles auraient pu causer. Les puissances ennemies de la France auraient pu saisir les biens que l'Ordre avait dans leurs états, mais, pendant le cours de la guerre, la France aurait remédié, par un subside, à l'embarras que cette saisie aurait pu causer, et garante de ses propriétés, elle en aurait, à la paix, stipulé la restitution, ou lui aurait fait avoir une indemnité qui aurait peut-être été supérieure aux pertes qu'il aurait fait. Il se serait d'ailleurs dédommagé à l'avance par le commerce général de la Méditerrannée, dont il serait devenu l'agent et le dépositaire.

Telles étaient les raisons dont l'auteur de ce mémoire appuyait son projet auprès du Grand-Maître, lorsque ce prince lui en développait les obstacles, qui n'étaient pas les seuls qu'il envisageât, il calculait encore la difficulté d'en faire passer la résolution au grand conseil, qui, habitué à ne pas voir plus loin que la vieille routine, qui formait autrefois la politique de l'Ordre, ne pouvait pas supporter l'essor nouveau qu'il fallait prendre dans des circonstances aussi difficiles : il craignait la résistance qu'il trouverait dans des individus, qui, exaspérés par les maux que la révolution française leur avait causé, n'étaient pas capables de chercher en elle-même le remède qu'elle pouvait offrir aux malheurs de l'état, et qui, s'isolant sans cesse, ne pensaient qu'à ceux qui leur étaient personnels ; enfin, il sentait les dangers que pouvait offrir une mission aussi désagréable et périlleuse ; Tousard lui offrit d'en braver les hasards, mais le Grand-Maître, qui croyait avoir besoin de lui à Malte, ne voulait pas accepter son offre.

Cependant, après que la première prévention eut eu son cours, et lorsqu'on sut le traité que Naples avait conclu avec l'amiral Latouche, le projet d'une négociation avec la France parut moins monstrueux. Les gens attachés à l'Ordre en sentaient la nécessité, et la demandaient ; les amis de la France, qui espéraient en tirer parti pour leurs vues, la pressaient, et le Grand-Maître en reçut la demande du conseil d'état. Mais cette démarche fut tronquée, ce n'était qu'une demi-mesure ; le ministre qu'on envoyait n'avait pour toute instruction que de réclamer sur la spoliation des biens de l'Ordre ; si l'on avait choisi un homme dévoué à son Ordre, il aurait encore pu tirer un parti avantageux de cette mission ; mais l'intrigue française s'en empara, et fit choisir l'homme le moins propre à soutenir cette place et cette cause, par son défaut d'énergie et de moralité ; la mort du roi arriva dans ce moment ; les grandes agitations de l'intérieur lui ôtèrent le courage d'aller jusqu'à Paris.

La flotte française, après avoir forcé le roi de Naples à faire la paix, était allée former une entreprise inutile en Sardaigne, l'empereur avait repris les Pays-Bas et conquis des places françaises ; les Espagnols, qui avaient déclaré la guerre, étaient entrés en Roussillon : comme le danger s'éloignait, on le crut disparu ; la plus grande sécurité succéda aux craintes dont on avait été frappé, et l'imprudence à la circonspection. La faction française avait vu avec douleur le mouvement général de la nation maltaise en faveur de l'Ordre, elle s'efforça d'en prévenir le retour, et de là séparer de lui : malheureusement cela lui fut trop facile.

Tous les jeunes Maltais, placés officiers dans les régimens, portaient avec plaisir leurs uni--formes et leurs décorations militaires, qui les rapprochaient des membres de l'Ordre, et flat-taient sensiblement leur amour-propre ; ce fut

par-là qu'on les attaqua ; on anima la jeunesse
de l'Ordre par des propos insidieux, « il ne fal-
» lait pas souffrir que les Maltais s'assimilassent
» à eux dans leurs décorations militaires, cela
» pouvait porter atteinte à la subordination et
» au respect qui était dû au corps souverain
» de Malte », et mille autres propos de cette
nature, que les malveillans se plaisaient à répandre, et dont le bruit seul suffisait pour
blesser l'amour-propre de ceux qui en étaient
l'objet, et qui croyaient avoir mérité quelque
reconnaissance par leur dévouement. Mais leur
mécontentement fut au comble, lorsque cette
jeunesse aveugle et trompée, fit une députation au Grand-Maître pour lui demander de
défendre aux Maltais de porter l'épaulette,
et que, sur son refus, ils prirent une délibé-
ration qu'ils lui portèrent, par laquelle ils re-
nonçaient à cette décoration, qu'ils ne voulaient
pas partager avec les Maltais. Quelques corps
la conservèrent, mais le régiment d'infanterie
tout entier la quitta. Ce fut un coup mortel
porté à l'attachement de la classe aisée des
Maltais, d'autant que les partisans de la France
ne négligèrent rien pour le leur faire sentir avec
plus d'amertume. Tous les uniformes dispa-

rurent parmi les Maltais, et peu à peu s'éteignit
ce zèle dont ils avaient donné des preuves dans
cette crise : comme on continua de les exas-
pérer de part et d'autre, ceux qui les travaillaient n'eurent pas de peine à les porter vers
la France.

Pendant que ces événemens se passaient,
Tousard avait fait un nouveau mémoire sur la
spoliation que l'Ordre de Malte avait éprouvé
en France, qui fut lu au conseil d'état, et pour
lequel le grand conseil nomma des commis-
saires ; mais le Grand-Maître qui voulait en
accélérer l'impression l'envoya à Naples, où il
fut intercepté par le gouvernement napolitain,
qui, croyant y voir des expressions contraires à
ses intentions sur Malte, défendit de l'imprimer.

Toulon venait d'être livré aux Anglais, et
Naples venait de faire avec eux un traité d'alliance et de subsides, et de déclarer la guerre
à la France, ce qui mettait Malte dans un grand
embarras. Par le traité de cession de l'île de
Malte, l'Ordre n'était pas obligé de prendre
part aux guerres de Naples, mais il ne pouvait
pas faire de traité ni d'alliance avec les puis-

sances en guerre avec la Sicile , ni recevoir leurs
vaisseaux dans ses ports : le Grand-Maître
qui avait appris que la Convention envoyait le
cit. Aymar, pour faire avec lui un traité d'alliance et de commerce , lui avait fait écrire à
Gênes de ne pas venir à Malte ; il craignit qu'il
n'y fut pas bien vu , et il aimait mieux le refuser que de voir le droit des gens compromis
en le recevant.

Les communications furent entièrement rom-
pues , depuis cette époque , entre la France et
Malte , jusqu'après la chûte de Robespierre ;
pendant ce tems , l'on pourvut à tous les besoins
de l'Ordre par des emprunts faits à Gênes et
à Rome , et l'on continuait à fortifier Malte ,
mais l'on ne prenait aucune mesure pour pourvoir à l'avenir et rendre le peuple militaire ;
bien loin de cela , on laissait dépérir le régiment
d'infanterie , qui de douze cents hommes n'était
plus guères qu'à huit cents ; les canons étaient
la plupart sans affûts , et le trésor ne voulut pas
donner d'argent pour acheter les bois nécessaires
pour en construire. Il refusa même une quantité
de très-beaux bois , qu'un marchand offrait de
rendre à Malte et de vendre à six ans de crédit,

à meilleur compte que le trésor n'avait fait ses
derniers achats au comptant ; ensorte qu'on ne
put pas pourvoir à ce besoin ni à la construction des chaloupes canonières qui avaient été
ordonnées.

A-peu-près à cette époque, du Tillet quitta
le conseil de guerre, et fut remplacé par le
bailli de la Tour-du-Pin, qui avait été officier
de marine. Le Grand-Maître connaissait combien il avait peu de moyens ; comme il lui avait
fait beaucoup de bien, il croyait pouvoir compter
sur lui ; mais il n'avait pas plus de reconnaissance que d'esprit. C'était un homme qui tour-
nait à tout vent, et dont Fay s'empara avec
beaucoup d'adresse, pour le porter à tout ce
qu'il voulait.

La politique extérieure, en ce qui dépendait
du Grand-Maître, n'avait pas été négligée ; il
prenait sur lui d'ouvrir des négociations, dans
l'espoir que la routine du conseil céderait aux
avantages qu'il procurerait, lorsque, favorisant
la paresse de ses membres, ils n'auraient qu'à
donner leur consentement pour jouir du fruit
de ses travaux. Il sentait qu'il fallait suppléer

par des ressources nouvelles , à celles que la France nous avait enlevées , et que ses rapides conquêtes nous enlevaient tous les jours. Dans ses fréquentes conversations avec Tousard , celui-ci cherchait à lui faire sentir le danger qu'il y avait à se jeter dans les bras d'une grande puissance , qui aurait voulu bientôt s'assujétir Malte , et qui , ayant des intérêts contraires à ceux de la France , qu'il regardait comme devant toujours être son alliée naturelle , aurait rendu l'Ordre victime des chocs que ce nouvel ordre de choses , dans la Méditerrannée , aurait pu occasionner. L'Angleterre avait voulu nous attirer à elle ; Elliot , vice-roi de Corse , envoya un agent , qui parla de subsides , et cherchait à se faire des partisans , mais ce fut sans succès , il ne resta que peu de tems à Malte.

Si Rohan se refusait aux avances de l'Angleterre , il n'agit pas de même à l'égard des États-Unis de l'Amérique ; sur l'avis que des ouvertures d'un traité de subsides seraient bien reçues du congrès , il chargea Tousard d'écrire à l'un de ses frères d'entrer en négociations avec Washington , pour lequel il lui donna une lettre officielle , et lui ordonna de suivre cette corres-

pondance ; mais l'éloignement et les circonstances mirent beaucoup de lenteur dans celles
relatives à cette négociation ; cependant le président du congrès répondit au Grand-Maître,
peu de tems avant la mort de celui-ci : « qu'il
» allait quitter la présidence , mais que l'intérêt
» que les États-Unis mettaient à leur commerce,
» ne lui laissait pas douter que son successeur
» ne donnât cours à cette négociation ». Il s'a-
gissait d'avoir une concession considérable en
terres , dont le revenu appartiendrait à l'Ordre
de Malte , avec une somme d'argent pour la
mettre en valeur ; celui-ci , en échange , donnait aux navires marchands des Américains, les
escortes nécessaires pour les mettre à l'abri des
corsaires barbaresques.

Tousard proposa également au Grand-Maître
de se servir de quelques amis qu'il avait à Co-
penhague, pour ouvrir une négociation de même
nature avec le Danemarck et la Suède. Ces
puissances, qui fesaient alors tout le commerce
de la Méditerrannée , devaient préférer de
donner un subside pour la protection de leurs
navigateurs , à payer un tribut à des gens sans
foi, qui rompaient leurs traités suivant leurs

caprices , exigeaient sans cesse de nouvelles sommes , avec lesquelles on n'était jamais à l'abri de leur perfidie , et qui augmentait toujours leur puissance et leur orgueil. Le Grand-Maître avait accueilli cette idée , il avait chargé Tousard de cette correspondance , et il avait accrédité une personne , désignée par lui, auprès du comte de Bernstorf , qui dirigeait toutes les affaires de ce royaume. La négociation prenait consistance , et le roi de Danemarck avait chargé son ministre de se concerter avec l'agent de Malte , à Paris , pour appuyer ses demandes au directoire. D'après ce qui se passait, on voyait que ces traités proposés ne trouvaient de retard que par l'incertitude où l'on était des intentions de la France à l'égard de Malte , ce qui rendait plus urgent de faire un traité avec elle.

Rien n'eût été plus avantageux que ces traités, qui auraient intéressé beaucoup de puissances à la conservation de l'Ordre de Malte , qui l'auraient obligé d'entretenir une marine plus considérable et plus active , et qui, en employant beaucoup de chevaliers et de Maltais , auraient tout à-la-fois ranimé l'attachement à l'Ordre et l'esprit militaire.

Une autre négociation avait été entamée alors par Rohan ; le démembrement absolu de la Pologne, avait fait tomber dans les mains de la Russie les biens que l'Ordre de Malte possédait dans ce royaume, et qui formaient le grand prieuré de Pologne. L'impératrice Catherine II avait fait saisir ces biens, et le Grand-Maître résolut de les réclamer, pour ne pas laisser augmenter les pertes de son Ordre ; il nomma un ambassadeur et se chargea des frais de cette ambassade, qui avait pour but de faire restituer les biens saisis ; mais l'ambassadeur avait ordre d'être très-circonspect, et de ne pas former une liaison trop intime qui aurait pu donner de l'ombrage à la France et à l'Espagne ; on ne pouvait pas douter de l'inquiétude qu'elle aurait causée à la première ; quant à la seconde, le chevalier Azara, son ministre à Rome, interrogé au nom du Grand-Maître, par Tousard, sur ce sujet, avait formellement répondu que l'Espagne serait très-mécontente que l'Ordre de Malte donnât trop d'entrée chez lui à la Russie.

Pendant que ces choses se passaient, l'on décrétait en France la constitution de l'an III ;

le

le gouvernement provisoire, qui précéda son installation, avait eu l'air de vouloir se rapprocher de Malte. Un secrétaire de l'ancienne ambassade-maltaise, était reconnu à Paris comme agent de Malte, et le comité des relations extérieures avait envoyé un agent consulaire dans cette île ; les principes de modération et de sagesse qu'annonçait la France, lui ramenaient beaucoup d'esprits. La Prusse et l'Espagne avaient fait leur paix particulière, et Rohan ne perdait pas de vue l'idée de faire la sienne ; assuré par le chevalier Azara avant que l'Espagne n'eut traité, qu'elle verrait avec plaisir toutes les démarches que Malte ferait pour s'accommoder avec la France, il ne négligeait rien pour réussir. Naples étant encore en guerre, il ne voulait pas faire des démarches trop éclatantes, mais il chargea Tousard, qui connaissait dom Domingo Yriarte, l'envoyé d'Espagne, qui avait conclu la paix de cette puissance, à Bâle, de lui écrire une lettre détaillée sur les intérêts de l'Ordre avec la France, et ses moyens de conciliation. Cette lettre fut écrite et envoyée par le canal du ministre Azara, qui l'appuya au nom de sa cour. D. Yriarte répondit de la manière la plus satisfesante ; mais

E

6a mort, qui arriva peu après, renversa tout ce qui était commencé, et le Grand-Maître résolut d'attendre que l'on connût le ministre d'Espagne à Paris, pour s'adresser à lui.

Cependant, la nomination du directoire lui fit faire de nouvelles démarches ; sachant que deux des directeurs, les CC. Carnot et Letourneur, étaient camarades et contemporains de service de Tousard, il le chargea d'ouvrir, en son nom, une correspondance avec eux, relative aux droits et intérêts de l'Ordre de Malte en France, et sur la justice qu'il réclamait de la république ; plusieurs lettres furent écrites par lui, et envoyées par le Grand-Maître à son agent, à Paris, pour les remettre officiellement à ces directeurs ; mais, malgré les ordres réitérés de ce prince, il ne voulut jamais le faire, couvrant son refus d'obéir de divers prétextes. Il en agit de même à l'égard d'un nouveau mémoire que Tousard avait fait sur l'Ordre de Malte, dans lequel il développait son origine, sa constitution, la source de ses biens, son importance politique, les moyens de le conserver, et la justice de ses droits et de ses réclamations. Cet agent avait ordre de le faire imprimer et distribuer à domicile, mais il n'en fit rien. Quelque tems après, la frégate *la Sensible*, qui était venue s'échouer dans le port de Malte, et qui s'y était réparée, reçut à son départ des duplicata de ces lettres avec d'autres sur le même sujet. Elles restèrent sans réponse. Ce ne fut que par la suite que l'on sut, par la correspondance danoise, que ces lettres avaient été lues au directoire, et qu'il avait été décidé que cette affaire ne devait être traitée que d'une manière tout-à-fait officielle ; elle aurait eu ce caractère, si l'agent de Malte à Paris avait remis ces lettres, au nom du Grand-Maître, au directoire.

Il est inoui de penser qu'un homme, qui remplissait si mal les ordres dont il était chargé, trouvât des protecteurs à Malte ; il en avait cependant parmi les amis de la France, qui trouvaient le moyen d'arranger la protection qu'ils accordaient à cet agent et à son antagoniste le bailli de Foresta.

C'était le même qui avait eu ordre de se rendre à Paris, peu de tems avant la mort du roi ; il s'était tenu caché pendant les orages

et les troubles qui déchiraient l'intérieur de la
France , et voyant naître un ciel plus serein ,
il avait sollicité l'ordre de se rendre à Paris ,
assurant qu'il avait dans la convention nationale
des amis puissans , qui pourraient rendre les
plus grands services : il fut chargé par une
mission particulière du Grand-Maître de s'y
rendre ; mais à peine y fut-il arrivé , que la
dissention s'établit entre lui et l'agent Sibon ;
loin de concourir au seul but qui devait les
animer , ils se déchiraient mutuellement , tant
à Paris que dans leur correspondance particulière ; tous deux promettaient les choses les plus
heureuses d'époques en époques , et ces époques
n'arrivaient jamais. Le Grand-Maître se lassait
d'être ainsi balotté et voulait prendre des mesures à leur égard , mais on l'arrêtait par différentes considérations , auxquelles sa bonté le
fesait condescendre , pour le malheur de l'Ordre ; il en résultait que , non-seulement ce prince était très-mal servi à Paris , mais encore que ,
trompé sur la véritable disposition de la France , il n'agissait que par de petits moyens , qui
n'allaient point au but qu'il se proposait.

Cependant , les armées françaises , sous la

conduite de Bonaparte , avaient conquis une partie de l'Italie , et le séquestre avait été mis sur les biens que l'Ordre possédait dans les pays conquis ; d'énormes impositions pesaient sur ceux qui lui restaient dans les autres états, et diminuaient toujours ou retardaient les revenus du trésor public , dont les besoins s'accroissaient par la multitude de chevaliers qui affluaient à Malte , et qu'il fallait entretenir. Il fallait trouver un remède : le Grand-Maître et le conseil nommèrent une commission chargée de prendre les moyens qu'elle croirait propres à subvenir aux besoins de l'Ordre , et de faire les réformes qu'elle croirait utiles.

Cette commission , dont était Frizari , Cascaxarés , **...., **..., ne s'occupa nullement des véritables moyens de rétablir l'Ordre , mais elle se hâta d'opérer la plus désastreuse de toutes les réformes , vu la circonstance où l'on se trouvait. On réforma la moitié du régiment d'infanterie, qui fut réduit à cinq cents hommes; les troupes des vaisseaux et des galères subirent la même diminution , et les matelots même ne furent pas épargnés ; on réduisit à moitié les fonds des fortifications , déjà trop faibles ; on

supprima on diminua les retraites et les petites
pensions données aux Maltais qui avaient servi
l'Ordre ; et par-là on aliéna le peuple. Rien
n'était plus impolitique ; car il souffrait beaucoup de la suspension de la navigation et du
commerce avec la France. La révolution avait
fait des progrès dans la classe plus élevée, et
l'on donnait à ses partisans des moyens d'accroître le mécontentement du peuple ; l'on ne
tarda pas en effet à voir éclater une conspiration assez grave, que le Grand-Maître se con-
tenta de punir par l'exil ou la prison.

Il existait des moyens de remédier à la situation critique dans laquelle se trouvait l'Ordre
de Malte, sans l'aggraver encore par de prétendus remèdes de cette nature. Tousard les
avait indiqués au bailli Frizari et à quelques
autres membres du grand conseil. Il y avait au
palais du Grand-Maître, outre sa vaisselle, une
argenterie superflue. Le général et les capi-
taines des galères, le commandant et les capi-
taines des vaisseaux, en avaient aussi une
grande quantité appartenant à l'Ordre ; l'église
de St.-Jean avait une argenterie considérable,
et les églises de l'île, en raison de leur impor-

tance, en avaient aussi beaucoup. Le gouvernement, sous titre d'emprunt, pouvait la prendre en tout ou en partie, en s'engageant à la remplacer dans des tems plus heureux. Ces métaux, qu'on aurait pu frapper en écus à l'instant, auraient fourni plus de deux millions et demi. De plus, il était facile d'augmenter les revenus de l'état par une imposition territoriale. Les terres et les habitans de Malte étaient exempts de tout impôt ; une taxe proportionnée à la bonté des terres, dont le terme moyen eût été de deux fr. par arpent, eût rapporté au moins huit cent mille livres, et elle n'eût porté que sur les gens aisés, qui devaient être intéressés au maintien du gouvernement. Une compagnie des plus riches négocians de l'Europe, avait proposé au Grand-Maître de rendre le port de Malte franc, et offrait annuellement cinq cent mille écus pour prix de cette franchise. Mais la ressource que l'on aurait dû regarder comme la plus sûre, était celle qu'on devait attendre des commandeurs qui avaient conservé leurs revenus, et de leurs commanderies. Dans toutes les crises que l'Ordre avait essuyées, c'était par-là qu'il y pourvoyait, ou qu'il réparait ses pertes. D'Au-

busson, après avoir fait lever, à Mahomet II,
le siége de Rhodes, mit une taxe très-forte
sur toutes les commanderies pour réparer les
fortifications, qui n'étaient plus qu'un monceau
de ruines ; Villiers-l'Ile-Adam, auquel Soliman II avait enlevé Rhodes, après un siége de
six mois, l'un de plus sanglans dont l'histoire
fasse mention, imposa les commanderies pour
le soutien de son Ordre et des Rhodiens qui
l'avaient suivi en grand nombre ; il fit faire le
procès à ceux qui avaient été trop lents à envoyer la taxe qu'il avait mise pour se préparer
à soutenir le siége. Les contributions volon-
taires abondaient alors ; mais les tems étaient
bien changés : l'on avait, dans le commencement
de cette dernière crise, invité tous les commandeurs et membres de l'Ordre, à porter au
trésor les fonds dont ils pouvaient disposer,
comme prêt à intérêt. Mais cette invitation
fut inutile, deux commandeurs seuls envoyèrent
quelques fonds ; l'un des deux était un Français,
dont le nom mérite d'être conservé ; Favray,
vieillard plus qu'octogénaire, dépouillé de sa
commanderie par la révolution, fit porter trois
mille écus de Malte au trésor, sans intérêt.
Un commandeur allemand, Thur, l'imita, et

envoya dix mille écus. Tel fut le fruit de cet appel ; il peut faire juger de l'esprit dont on était animé ; le dernier trait qu'on puisse y ajouter, c'est que lorsqu'on parla de mettre des impositions sur les commanderies, très-faibles, puisqu'il ne s'agissait que de doubler les responsions, tous les commandeurs des nations où les biens de l'Ordre avaient été épargnés, menacèrent de recourir aux souverains des pays où ils étaient situés, pour se mettre à l'abri de ce qu'ils appelaient une vexation ; la commission ne voulut entendre parler de cette double imposition, que lorsqu'on eut effectué les réformes nuisibles qu'elle voulait faire passer, et elle fut décidée de la manière la plus inutile, car elle ne devait avoir son effet que l'année qui suivit la prise de Malte ; les chevaliers étrangers à la France, ne dissimulaient point le plaisir que leur causait la position fâcheuse de leurs confrères français, dont la grande prépondérance dans l'Ordre avait toujours causé de la jalousie ; et peut-être eussent-ils été plus généreux envers leur Ordre, s'ils avaient pu croire que leur générosité ne tournât pas au profit des Français.

On peut voir d'après cela, combien l'esprit

qui régnait à Malte était peu propre aux circonstances où l'ordre se trouvait, et combien
il portait en lui-même des causes de destruction,
qui, fomentées et excitées par les amis de la
France, devenaient encore plus dangereuses.
Les périls extérieurs n'occupaient qu'un très-
petit nombre d'individus ; les autres livrés à
de misérables intrigues intérieures, en fesaient
leur principale occupation. Le Grand-Maître
voyait avec douleur la situation des affaires et
la disposition des esprits, qui lui fesaient pré-
sager la destruction de l'Ordre dont il était chef,
et souvent il prononçait ce triste présage à ceux
avec lesquels il causait le plus familièrement.
Il n'avait rien négligé pour y remédier, mais
le mal était trop profond, et sa santé qui dépérissait tous les jours, lui ôtait la force dont il
avait besoin pour lutter contre tant d'obstacles.
Il voyait d'où venait le mal, sans avoir la possibilité d'atteindre le plus dangereux, parce
que dans certains cas son autorité n'était pas
assez étendue, ou qu'il rencontrait dans d'autres des oppositions si puissantes, qu'il croyait
dangereux d'entreprendre de les renverser.

La nécessité de traiter avec la France était

tous les jours plus urgente. Foresta et Sibon n'avançaient rien à Paris ; ils étaient toujours divisés et n'étaient d'accord que sur un point, ils demandaient sans cesse qu'on leur donnât un caractère plus marquant, et promettaient alors que les affaires iraient rapidement. Le Grand-Maître n'avait point de confiance en eux ; il résolut de nommer un ambassadeur, mais il ne voulut choisir aucun des deux.

Le marquis Del Campo était arrivé à Paris, ambassadeur d'Espagne. Il était chargé par sa cour de faire tout ce qu'il pourrait auprès du directoire, en faveur de l'Ordre de Malte, et le chevalier Azara avait fait assurer le Grand-Maître, par Tousard, qu'il recommanderait puissamment celui qui serait choisi ; mais ce choix était embarrassant, et dans son embarras, il jeta les yeux sur Cascaxarés : personne ne connaissait mieux que lui la situation de l'Ordre ; il ne manquait pas de moyens nécessaires pour bien remplir cette mission ; il était parent d'Azara, et comme Espagnol, il se serait mieux entendu avec le marquis Del Campo ; d'ailleurs il parlait très-bien le français, et était fort au courant de la révolution de la

France. Il en était très-grand partisan, à la vérité, mais Rohan pensait qu'en le mettant ainsi dans la plus grande évidence, qu'en intéressant son amour-propre au succès, il l'obligeait à bien servir l'ordre ; enfin, qu'il aurait toute facilité à faire agréer ce choix au conseil, où Cascaxarés avait beaucoup de partisans, sans y comprendre ceux du parti français qui auraient compté sur lui.

Ce projet fut tenu très-secret, afin que l'on ne put pas le prévenir. Il était à la campagne, et Tousard fut chargé d'aller le lui proposer et de l'y déterminer ; mais il ne put pas y réussir ; il vit à l'étonnement dont Cascaxarés fut frappé, lorsqu'il lui fit cette offre, qu'il était loin de s'y attendre ; il refusa, sous divers prétextes très-futiles, sans qu'il fut possible à l'envoyé du Grand-Maître de l'y déterminer, de quelque manière qu'il s'y prit. Il résulta cependant quelque bien de cette démarche ; on y gagna son adhésion à la mesure qu'on voulait prendre, d'envoyer une ambassade formelle à Paris, et il eut l'air de se réunir à ceux qui travaillaient au bien public.

Cascaxarés ayant refusé, Rohan fixa son choix sur le bailli d'Hanonville, Français, qui n'avait pas quitté la France depuis la révolution, et qui, par la sagesse de sa conduite, n'y avait éprouvé aucun désagrément. Il était instruit dans les affaires de Malte, dont il avait long-tems géré les intérêts, dans ce qui formait autrefois le grand prieuré de Champagne. Ce choix eut l'assentiment général au conseil : on lui expédia ses pouvoirs et ses instructions. Il avait le caractère d'ambassadeur, et on lui associa Sibon en qualité de ministre. Les amis de celui-ci avaient fait valoir ses prétendus services, quelques raisons qu'on croyait avoir de le ménager, et l'intérêt que l'ambassadeur d'Espagne, le marquis Del Campo, prenait à lui ; en effet, ce ministre avait plusieurs fois écrit en sa faveur, et il paraissait que Sibon, instruit de la méfiance qu'il avait inspirée, avait cherché à s'en faire un appui. Le bailli d'Hanonville, ayant reçu tous ses papiers, se rendit à Paris ; mais son collègue, instruit avant de son arrivée, et qui ne se contentait pas de la seconde place, avait eu le tems de préparer sa réception. L'ambassadeur donna part de son arrivée, et de sa nomination, au ministre des relations extérieures , qui le laissa plusieurs jours sans réponse , et , à la fin , lui écrivit, au nom du directoire , qu'il ne pouvait pas être admis comme ambassadeur, qu'il avait été le maître de préférer des dignités étrangères à la qualité de citoyen français , mais que la république ne voulait accepter aucun agent diplomatique qui fut né Français : il lui était enjoint en même-tems de quitter Paris.

D'Hanonville s'était présenté au marquis Del Campo , dont il avait été très-froidement reçu ; et l'accueil qu'il avait reçu de son collègue ne l'avait pas plus satisfait. L'intrigue était claire, elle le fut bien plus, quand Sibon reçut l'ordre du ministre des relations extérieures de continuer ses fonctions : il était plus Français que d'Hanonville , car il n'était pas membre de l'Ordre de Malte, tandis que l'autre y avait été reçu dans son enfance , et était déclaré étranger par la loi. Son triomphe l'aveugla tellement , qu'il ne cacha pas son espoir d'être bientôt admis comme ministre plénipotentiaire de Malte , et qu'il demanda à faire ses preuves pour être reçu au nombre de ses membres. Toutes ces contradictions étaient si palpables , que ses protecteurs n'osèrent plus le défendre pendant quelque tems.

Le Grand-Maître fut très-affecté du renvoi de son ministre : on lui cacha la véritable cause de ce renvoi, et tout ce qui prouvait la mauvaise foi de Sibon. Ceux qui auraient voulu lui montrer toute la vérité en agirent de même, et Tousard sollicité par plusieurs amis de la chose publique de lui en parler, s'y refusa ; la santé de ce prince dépérissait de jour en jour, on le voyait finir, tourmenté par les plus vives souffrances : convaincu de l'impossibilité du succès des efforts qu'il aurait pu faire, il résolut de lui épargner la douleur que lui auraient causé ces vérités cruelles.

On vit enfin périr ce prince, digne de regrets par ses vertus et ses qualités personnelles (1) ; l'on ne peut concevoir tout le bien qu'il fesait avec des revenus très-bornés : il fournissait à

______

(1) Mes regrets le suivront à jamais ; il m'accorda quelque confiance, dont je puis dire que je n'ai jamais mésusé, et je satisfais mon cœur en parlant de ses vertus et de ma reconnaissance.

la subsistance de tous les chevaliers que la révolution avait atteint. Il donnait des pensions à
la plupart d'entr'eux, il répandait des secours
abondans sur les habitans de la campagne ; il
donnait des fonds pour la marine et les fortifications ; il fesait les frais d'une partie de la
diplomatie ; et, dans la dernière année de sa
vie, comme il était convaincu que la navigation
et le commerce devaient faire la principale ressource de son Ordre, il venait de faire construire un bâtiment immense pour augmenter le
Lazareth de Malte. Pendant la longue et cruelle
agonie qui précéda sa mort, le peuple remplissait les églises pour demander au ciel la conservation de ses jours, et lorsque la mort l'eut
enlevé à leur amour, ils se précipitèrent en
foule autour de son lit de parade, pour le voir
encore et lui baiser les mains.

Un autre soin agitait l'Ordre pendant ces
momens douloureux ; de nombreux compéti-
teurs se disputaient le dangereux honneur de
lui succéder. Frizari, Des Pennes, Tomasi et
Hompesch employaient tous leurs moyens pour
se faire un parti. Le premier eut un moment de
faveur, dont il ne sut pas profiter ; l'âge trop

avancé

avancé du second ne le rendait pas propre
à cette place ; Tomasi était mal vu du peuple,
et son élection eût été impolitique ; aucun Espagnol n'était sur les rangs , et ne semblait
éligible : un concours de circonstances fort extraordinaire porta Hompesch , qui avait de
plus l'avantage d'avoir six voix de sa nation ,
par les langues d'Allemagne et de Bavière , qui
furent dirigées par un ministre de l'électeur ,
homme très-fin et très-adroit. La nation maltaise le desirait ardemment : il passait pour un
homme de bon sens , et annonçait le plus grand
desir de marcher par de nouveaux moyens au
rétablissement de l'Ordre ; ceux qui étaient les
plus dévoués à la chose publique , crurent bien
faire en se réunissant à ses partisans...... Il fut
élu. L'enthousiasme de l'Ordre et du peuple ,
à son élection , fit croire un moment qu'on avait
agi pour le mieux ; mais on vit bientôt la
nullité du choix qu'on avait fait.

La circonstance exigeait un grand travail ,
beaucoup d'activité dans les mesures , une sévère économie , et un esprit dégagé de préjugés
nuisibles à la situation où l'on était. Au lieu
de cela , on ne vit que de futiles parades de

représentation, des processions, tant à la ville qu'à la campagne, de vaines prodigalités d'argent, qui, ne tombant que sur quelques gens qui se précipitaient sur ses pas pour le ramasser, n'attaignaient pas le malheureux sur lequel cet argent devait être versé; et il semblait vouloir appesantir le manteau monacal, au lieu de revêtir l'habit guerrier qui convenait au moment.

Rien ne fut changé dans le gouvernement : la place d'Hompesch, au conseil de guerre, fut remplie par le bailli Neveu, allemand, homme bien intentionné, mais sans moyens, et la présidence tomba sur Frizari.

Peu après l'élection de Hompesch, on reçut des nouvelles de Russie, sur les démarches que Rohan avait faites pour faire réintégrer son Ordre dans la possession du grand prieuré de Pologne. Tant que l'impératrice Catherine II avait vécue, le bailli de Litta, ministre plénipotentiaire de Malte à Pétersbourg, n'avait eu qu'un accueil très-médiocre, soit que d'autres vues l'éloignassent de cette affaire, soit qu'elle voulut, par sa froideur, obliger l'Ordre de

Malte à de plus grandes avances ; mais Rohan, qui avait encore présente la conspiration, fomentée en son nom à Malte, en 1776, ne voulait pas s'avancer. La mort de cette impératrice changea la face des choses : Paul Ier., son successeur, fit le plus grand accueil à Litta, lui montra la volonté, non-seulement de rendre le grand prieuré de Pologne, mais encore de former un grand prieuré en Russie, à condition que la langue anglo-bavaroise, s'appellerait anglo-russo-bavaroise. Litta envoya un courier à Malte avec la minute de ce traité, et demanda des pleins-pouvoirs pour le conclure ; mais ce courier tomba entre les mains des Français, qui lui enlevèrent ses papiers et le conduisirent à Bonaparte. Celui-ci, après quelques questions, le laissa partir, mais garda ses dépêches. Il vint à Malte, où il rendit compte de son aventure et de sa mission. Quelque tems après les duplicata arrivèrent, et l'on porta au grand conseil la proposition faite par Litta ; elle fut acceptée avec enthousiasme : il fut revêtu du caractère d'ambassadeur extraordinaire, et les pleins-pouvoirs furent envoyés ; mais le Grand-Maître, dans ses dépêches, lui recommandait toujours la plus grande circonspection. Il n'était pas sans inquiétude sur l'effet qu'auraient produit en France les dépêches saisies, d'autant plus qu'il n'en avait point été fait mention, et que le ministre des relations extérieures, n'avait fait aucune plainte à Sibon sur ce sujet.

Le courier repartit pour Pétersbourg, avec un chevalier polonais qui revint peu de tems après l'élection du Grand-Maître Hompesch. Il apportait le traité signé par l'empereur Paul Ier. pour l'établissement du grand prieuré, auquel il attachait quatre-vingts commanderies, et il avait invité ses sujets à en fonder. Il demandait la croix pour lui et pour les princes ses enfans, et il envoyait la liste des commanderies au Grand-Maître, pour qu'il y pourvût. Un ministre Russe qui était arrivé à Malte quelque tems avant la mort de Rohan, était chargé de faire des présens considérables au Grand-Maître, au vice-chancelier, à Royer, à Doublet, et à tous les bureaux. Ce traité fut ratifié avec acclamation. On fit des illuminations, on se livra à la joie, et l'on ne vit plus d'espoir que dans la Russie. On ne pensa pas que cette grande prodigalité, si elle ne cachait pas des vues dangereuses pour l'indépendance de Malte, pouvait le faire craindre à l'Europe ; que l'Espagne avait fait avertir qu'elle verrait avec déplaisir une trop grande union de la Russie avec Malte ; que la France, qu'on avait les plus grandes raisons de ménager, et sur-tout de craindre, en prendrait une forte jalousie ; qu'enfin, aucune puissance ne verrait sans inquiétude que la Russie pût un jour, par l'occupation de Malte, se rendre maîtresse de la Méditerranée et du commerce de cette mer. Ceux qui envisageaient ces dangers, furent obligés de gémir en secret et de paraître prendre part à la joie universelle.

Cependant, Tousard ayant été interrogé sur la nature du traité fait avec la Russie, par celui qui était chargé des affaires de l'Ordre auprès du Danemark, qui lui témoignait les inquiétudes de ce gouvernement, il montra sa lettre au nouveau Grand-maître, et il en prit occasion de lui montrer la lettre ancienne du chevalier Azara, sur le même sujet ; mais il en eut une réponse peu satisfaisante. Il avait été chargé de réclamer les bons offices de ce ministre auprès de sa cour, en lui donnant part de son avénement à la souveraineté. La réponse qu'il fit était pleine d'assurances de bons services, mais la fin dé sa lettre prouvait combien il croyait la situation de Malte peu sûre.

Dans le commencement de ce nouveau règne, Tousard porta au Grand-Maître les différentes correspondances dont Rohan l'avait chargé, et lui demanda ses ordres, qu'il ne lui donna pas; il se renferma depuis dans les devoirs de son emploi. Cependant, un ouvrage sur l'Italie et sur Malte, composé par le général Pommereuil, qui fut envoyé à Malte, lui fit encore prendre la plume; il y fit une réponse qu'il adressa à un journaliste français, mais vraisemblablement elle n'est point arrivée, car elle n'a paru nulle part.

L'orage se formait sur l'Ordre de Malte, et l'imprévoyance du Grand-Maître ne remédiait à rien. Il se livrait à ceux qu'il aurait dû le plus craindre, et fermant les oreilles aux avis qu'il recevait de toutes parts, il ne croyait qu'à ceux qui avaient intérêt de traiter ces avis de fables. Il ne voulait pas même s'appercevoir qu'une partie des puissances, auxquelles il avait donné part de son élection, n'avait pas répondu, entr'autres la France et l'Angleterre.

Peu de mois après l'élection de Hompesch, le C. Poussielgue vint à Malte. Il était porteur d'une commission du général en chef Bonaparte pour aller constater l'état du commerce français dans l'Archipel, et il était venu dans cette isle pour y voir des parens de son nom qui y étaient fixés depuis long-tems ; il avait des lettres de recommandation pour différentes personnes, entr'autres pour le bailli de la Tour-du-Pin et Tousard. Celui-ci relevait à peine d'une maladie mortelle qu'il venait de faire, la lettre que ce citoyen lui apportait était de Faypoult, ministre à Gênes, autrefois son camarade de service ; mais, comme sa santé ne lui permettait pas encore de se lever, il ne le vit que chez lui ; peu de jours après, le Grand-Maître fit dire à Tousard que Poussielgue était venu à Malte pour tenter de le révolutionner, qu'on lui en donnait l'avis de Livourne, et il lui fit demander de quelle nature était la conversation qu'il avait eue avec lui. Il lui fit répondre qu'il lui avait témoigné beaucoup d'inquiétudes sur les projets que plusieurs grandes puissances pouvaient former sur Malte, et qu'il lui avait répondu qu'il croyait que la partie saine de l'Ordre, qu'il pensait être la plus considérable de beaucoup, s'opposerait de tout son pouvoir à ce que Malte fut jamais sous une autre domination que la sienne propre, qu'il avait cherché à lui faire sentir combien il était avantageux pour la France, que Malte fut entre les mains de l'Ordre, dont il ne pouvait rien craindre, et que toutes ses relations lui attachaient, qu'elle en tirerait le même usage, et n'aurait à lui fournir qu'un subside très-léger en comparaison des avantages qu'elle en tirerait ; qu'enfin il serait très-malheureux pour la France d'avoir Malte en son pouvoir, dans un moment où l'état de sa marine ne lui permettait pas de le soutenir, ce qui le ferait tomber entre les mains de quelqu'une des grandes puissances ses rivales, sur laquelle elle ne pourrait peut-être jamais la conquérir, et qui lui enleverait son commerce dans la Méditerranée.

Quelqu'assuré que le Grand-Maître fut des intentions de Poussielgue, il le reçut plusieurs fois et le laissa séjourner à Malte tout le tems qui lui convint : il en partit dans le courant de décembre 1797.

En février 1798, l'amiral Brueys parut devant Malte avec une flotte qui revenait de Corfou. Le Grand-Maître était averti qu'il croiserait devant Malte pour essayer, par ses intelligences, d'opérer quelques mouvemens, en faveur de la France; il était tellement instruit, qu'on lui indiquait même les points d'où devaient partir les signaux. On garnit les batteries de côte, et l'on se tînt sur ses gardes; le lendemain à la nuit il s'était éloigné du port, devant lequel il revint avec le jour suivant. On crut qu'il voulait essayer quelque attaque, mais ce n'était que pour envoyer le *Frontin* dans le port, qui, sous prétexte d'une voie d'eau, vint évidemment pour entretenir la correspondance avec l'intérieur; car, lorsqu'après quelques jours d'une attente et d'une croisière inutile, il résolut de poursuivre sa route, il fit signal au *Frontin* de le rejoindre; le jeu des pompes cessa, il sortit du port et marchait aussi bien que les autres vaisseaux. Les mesures que l'on avait prises à cause de sa présence, cessèrent presque aussitôt qu'il disparut et l'on rentra dans l'apathie ordinaire.

Pendant que Brueys était devant Malte, les partisans de la France commencèrent à organiser le plan de calomnies par lequel on trompa le peuple. Ils profitèrent de la disposition ancienne des esprits, de la division que les brigues de l'élection avaient causée, et des petites querelles intérieures pour faire circuler ces calomnies, tant parmi le peuple que parmi les membres de l'Ordre, et y faire naître la méfiance. Les Maltais commencerent à voir des plans de trahisons tout faits parmi les Français de l'Ordre, à les prendre en méfiance, et l'on entretenait ces sentimens en eux par les bruits les plus ridicules.

La crise s'avançait ; le Grand-Maître recevait de tous côtés des avis que la France se préparait à l'attaquer ; mais il était aveuglé par des gens qui lui persuadaient qu'il n'en était rien. Toutes les lettres de Vienne, Paris, Rastadt, Rome et Naples, étaient d'accord pour lui ouvrir les yeux ; mais par une obstination que l'on ne sait comment caractériser, il se refusait à l'évidence résultante de ces concours. Tousard, trop convaincu de la réalité de ce projet, par des mots échappés à Poussielgue dans les conversations, par les espérance du parti Français, qui ne les dissimulait qu'avec peine, et

par des rapports que des Maltais affidés venaient
lui faire, s'efforça de montrer le danger immi-
nent où l'on était ; il renouvela la proposition
qu'il avait déjà faite, de remédier à la pénu-
rie du trésor public , par la fonte en écus
de toutes les argenteries inutiles du trésor,
et l'emprunt de celles des églises de l'Ordre
et de l'isle , pour organiser des troupes ,
suppléer à tout ce qui manquait pour la défense,
et pour faire toutes les réparations et addi-
tions nécessaires à une bonne défense ; mais
il ne fut pas écouté ; on le traita d'homme, qui,
par de faux avis et de vaines terreurs , voulait
donner de l'importance à sa place : on cherchait en même-temps à le dégoûter par
mille tracasseries , et l'on aurait voulu l'obliger
à se retirer. Quoiqu'il fut occupé de reprendre
son service en France , il était résolu de faire
pour l'Ordre de Malte tout ce que sa place et
son honneur lui imposaient tant qu'il en serait
chargé.

Il en donna une preuve en avertissant le
Grand-Maître qu'on avait fait des sondes sur
les parties de l'isle qu'on regardait comme
inabordables ; il lui demanda alors de l'autoriser

à faire une tournée de l'isle, pour s'assurer de tous les points suspects et voir ce qu'il y avait à faire pour le moment. Il partit aussi-tôt qu'il en eut reçu l'ordre, et commença par le Goze, où il traça plusieurs redoutes, dont il ordonna la construction sur des fonds destinés à cet objet, et il laissa un officier pour en surveiller les travaux; mais à peine cet officier y était-il arrivé, que le Grand-Maître changea la destination de ces fonds; l'une de ces redoutes était destinée à défendre le point sur lequel les Français ont débarqué, et ils y ont trouvé du canon qui y avait été porté à l'avance.

La tournée de Malte suivit celle du Goze; la médiocrité des fonds destinés aux fortifications avait empêché de penser aux côtes du S. O. qu'un préjugé ancien faisait croire inaccessibles : il présenta sur ce sujet un mémoire au Grand-Maître, où il donnait la véritable situation de cette partie de l'isle, et demandait la construction d'un Fort sur un point très-utile et aussi avantageux que nécessaire. Il reçut beaucoup de louanges, mais on lui dit que rien ne pressait, qu'il fallait voir, que l'on n'était pas menacé, enfin on lui prodigua toutes les expressions de l'insouciance. Il demandait que l'on palissadât la Ville, que l'on distribuât les poudres amoncelées dans un seul magasin très-isolé; il ne fut pas même écouté.

Ce fut au milieu de cette négligence coupable, qu'arriva le moment qui devait terminer la domination de l'Ordre de Saint Jean de Jérusalem sur Malte. La flotte de bâtimens de transport qui portait la division du Général Desaix, sous la seule escorte d'une frégate armée en flûte et de deux demi-galères, parut devant Malte; on crut alors que l'on pouvait former quelque inquiétude : Tousard était à Marsa Sciroc occupé de préparer quelque défense pour ce Port; Hompesch lui envoya l'ordre de venir le trouver aussi-tôt, il arriva au palais à onze heures du soir; la méfiance personnelle existait, car les chevaliers même étaient consignés au palais; mais l'insouciance y régnait : le Grand-Maître au lieu d'être livré aux précautions que ce moment dictait impérieusement, était dans son intérieur, occupé de conversations futiles, avec des Maltais, qui n'étaient d'aucune utilité pour

la circonstance. Après quelques phrases ban-
nales, il ordonna au commandant du génie
de se rendre au conseil de guerre, assemblé
chez Frizari.

Là se renouvelait le désastreux plan de
guerre de campagne, déjà tant combattu par
cet officier; il le combattit encore en vain :
ses représentations ne furent point entendues :
il montre alors la nécessité de prendre les
mesures propres à un tel moment, le palis-
sadement, le transport des poudres, l'approvisionnement de tous les forts à soutenir . . . . .
Il fallait encore voir . . . . il fallait encore
attendre . . . . ces mots si usités à Malte,
n'étaient pas encore usés.

Le conseil de guerre était composé des
baillis Frizari, Latour-du-Pin, Neveu, et
Souza, espagnol qui avait remplacé Cascaxarès,
parti depuis quelques temps pour Paris; les
généraux étaient le prince Camille De Rohan,
commandant en chef, le bailli de Romasi
qui commandait à l'ouest, et le bailli de
Clugny qui commandait dans l'est; le prince
Camille De Rohan était plein de bonne

volonté, mais les circonstances le rendaient à-peu-près nul ; les deux autres généraux n'ont rien fait, et avec tout le zèle du monde n'auraient pu rien faire lors de l'attaque ; mais ils auraient dû exciter le conseil de guerre, auquel ils étaient appelés, à sortir de sa léthargie et non pas à la partager comme ils le firent. Le maréchal de l'Ordre, bailli de Loras, gouverneur de la ville, par sa charge entrait aussi dans le conseil de guerre. L'on doit rendre justice à ses bonnes intentions, ainsi qu'à celles du prince Camille, mais leurs voix étaient étouffées.

Le Grand-Maître avait envoyé un commissaire de la santé à la flotte, qui parla au général Desaix, et lui demanda quel était le but de cette armée rassemblée devant son isle. Celui-ci assura qu'il n'avait aucune vue hostile, que la flotte avait rendez-vous en ce lieu, et que Malte, étant l'amie de la France, n'avait rien à craindre d'elle ; cette parole diminua la juste appréhension que la réunion de tant de forces devant l'isle devait inspirer, et l'on s'en servit pour ne pas mettre l'activité nécessaire à la position fâcheuse où l'on se trouvait. La flotte de Bonaparte avait cependant été signalée par les observateurs du Goze.

Le lendemain de l'apparition de la division du général Desaix, le conseil de guerre s'assembla le matin ; on avait envoyé des troupes sur les divers points de la côte et de l'isle que l'on voulait défendre ; les chevaliers attachés aux régimens de milice, eurent ordre de rejoindre leurs corps ; la majeure partie étaient des français ; on choisit encore des chevaliers de cette nation pour mettre dans les différens postes de l'isle ; par là l'on effectua leur dispersion, et l'on empêcha le bon effet que leur réunion aurait pu faire dans la ville, et comme on ne leur donnait aucuns moyens, on se préparait à rejeter leur peu de résistance sur leur trahison. Ce qui est arrivé prouve que c'était là le plan adopté par les amis de la France.

Il fut question d'assurer la subsistance des troupes que l'on avait ainsi dispersées ; on ne croira jamais quelle fut la mesure adoptée par le conseil : au lieu de faire porter, pen-

dant

dant que la campagne était libre, des vivres dans ces postes, on ordonna qu'ils seraient approvisionnés jour par jour et par mer : ce fut en vain que Tousard combattit cette absurde résolution qui fut exécutée, en sorte qu'il n'y avait des vivres nulle part. Quant à l'objet principal, rien ne fut décidé, excepté la nécessité d'armer le fort du Salvador, dont la position était très-importante. Le commandant du génie avait découvert que ce fort devait être livré aux français, et il avait été prier le Grand-Maître d'ordonner au conseil de guerre de le faire munir d'hommes et d'artillerie; ce fut la seule chose qu'il put obtenir de lui ; il en donna effectivement l'ordre lui-même, et chargea l'ingénieur de lui rendre compte de son exécution. Elle fut prompte : le bailli de St.-Tropés-Suffren, qui rentrait ce même jour avec son escadre, y fit mettre douze pièces de canon, et l'on y destina 200 hommes.

Le conseil se rassembla l'après-midi. Tousard parla de l'urgence de toutes les demandes qu'il avait faites, que chaque moment que l'on perdait était précieux; il ne fut pas plus

G

heureux qu'il ne l'avait été, jusqu'alors; il
crut devoir s'adresser au Grand-Maître; il
lui représenta tout ce qu'il avait inutilement
demandé au conseil de guerre, et il le pria d'ordonner ce qu'il n'avait pu obtenir. Hompesch
lui répondit que ses vues étaient bonnes,
mais qu'il ne fallait pas alarmer le peuple
par des démarches précipitées.

Il est à croire qu'il dût faire quelques
efforts pour contenir l'indignation que lui
causa cette réponse; dans quel temps la
recevait-il ? lorque la crise semblait au plus
haut point !

Le jour suivant l'on tînt deux autres conseils, l'un le matin et l'autre le soir; on
crut sans doute qu'en multipliant les conseil-
lers, on aurait un accroissement de lumières
proportionné, et l'on y avait réuni tous les
officiers supérieurs des corps, mais on n'ob-
tenait pas plus de résultats. Tousard, lassé
de l'inutilité de ces longues et fréquentes
assemblées, dit clairement que l'on perdait
le temps en discussions oiseuses, lorsqu'on
était à la veille d'être déshonoré au yeux de

l'Europe. Sa vivacité arracha quelques ordres, tels que celui de l'armement d'une petite redoute en avant du fort Ligné. Elle voyait une cale entre ce fort et la tour St. Julien, qui était peu susceptible d'une descente, mais le calme de la mer et la nature des circonstances lui fesaient porter son attention sur les choses les moins à prévoir. Il croyait même avoir des doutes à cet égard, et n'ordonna rien d'essentiel sur les précautions à prendre à la veille d'une invasion et d'un siège. Rien n'était préparé pour la retraite des habitans, pour rentrer les bestiaux de la campagne et les grains qui la couvraient . . . . *Il ne fallait pas alarmer le peuple.* On ne voulut pas même ordonner l'évacuation du grand magasin à poudre de la Cotonave, le seul dépôt qui existât. Cette précaution était d'autant plus urgente, qu'il était douteux que nous pussions soutenir cette enceinte, et presque sûr qu'elle serait livrée aux français, ainsi que la forteresse de Ste, Marguerite. Un maltais, naturalisé en france, avait un jardin très-beau qu'il louait du conseil de guerre. Ce jardin communiquait du dedans de la ville au-dehors, et depuis long-temps on avait représenté combien il était impolitique de laisser cette entrée de la ville à la disposition d'un homme, au moins suspect ; on ne put pas obtenir de la lui ôter. L'on a su depuis qu'elle devait être livrée aux français le jour même que la ville a capitulé, si cet événement n'avait pas eu lieu. Des officiers français étaient entrés dans ce jardin la veille, pour reconnaître la possibilité de cette entreprise.

Le même aveuglement guidait toutes les démarches du gouvernement ; on laissait entrer sans cesse des bâtimens du convoi, et descendre tous ceux qui les montaient à la quarantaine, où ils communiquaient avec ceux de leur parti, sans aucun obstacle.

Le quatrième jour Tousard était dès la la pointe du jour à Ricazoli, à faire exécuter quelques précautions. Un aviso se détacha de la flotte pour reconnaître ce que l'on y faisait, et vint presqu'à la portée de la voix : pendant ce temps, une demi-galère entrait dans le le port, et fut suivie de l'aviso ; cette manœuvre parut si étrange à cet officier, qu'il

partit sur l'instant pour en aller rendre compte
au Grand-Maître, et voulut, en traversant le
port, observer ces bâtimens; il doubla la poupe
de la demie-galère, et apperçut un français
sans décoration, qui observait les batteries
du port avec une lunette. Il alla sur-le-champ
en prévenir le Grand-Maître, et lui demanda
de faire arrêter les bâtimens qui étaient dans
le port, disant qu'on n'avait pas cessé de faire
de ces reconnaissances sur tous les forts, qu'une conduite aussi suspecte, ne pouvait
annoncer que les plus mauvaises intentions,
et devait autoriser une semblable mesure,
qui serait suivie d'une explication; et enfin
qu'une rupture absolue valait mieux pour
l'Ordre qu'un état de choses plus fatal que la
guerre que l'on ne pouvait éviter. Cette proposition fut très-mal reçue; « il ne pouvait pas
« avoir de mauvaises intentions, car il avait
« salué en entrant. » Cependant rien n'était
plus à propos. L'officier qui était dans la demi-
galère, était d'un grade très-supérieur; il
avait été envoyé pour faire une reconnaissance
dans le port, prendre langue avec les amis
de la france et se procurer des plans et des
notions sur Malte, et il trouva le moyen de

se faire donner un plan. On n'observa pas
même à son égard les précautions ordinaires
de la quarantaine, car à l'heure de midi,
où l'on fait retirer tout le monde, on le laissa
sur le port, et il put à son aise et sans
témoins, écouter tous ceux qui voulurent lui
parler. Il reçut des amis des français un état
détaillé des troupes et des milices de l'Ordre,
avec le nom des officiers qui les commandaient,
et une information personnelle sur eux; on y
joignit un plan gravé de la ville de Malte,
par Coronelli (1); il partit dans l'après-midi,
mais l'aviso resta dans le port, avec un autre
bâtiment, et se retira librement le lendemain
matin, au moment de l'attaque, sans qu'il
vînt dans l'idée de les retenir. Mais ce ne
sont encore que de légers traits de l'impéritie
et de l'aveuglement de ceux qui entraînaient
dans sa perte l'Ordre qu'ils gouvernaient.

______

(1) J'ai depuis cet événement été à même de
découvrir beaucoup de faits, qui se placent dans cette
histoire, et jettent un grand jour sur la trahison
dont l'Ordre a été la victime; c'est la seule source
de tous les détails que je donne sur les opérations
des français dans l'intérieur.

Dans l'après-midi, le consul français eut ordre du général Bonaparte de demander au Grand-Maître l'entrée des ports pour sa flotte. Il était arrivé une lettre de Dolomieu à Ransijat, son ami, par laquelle il l'assurait que l'on n'avait rien à craindre des français, qu'ils ne voulaient que passer pour aller faire une expédition lointaine, que le général en chef desirerait avoir l'entrée des ports et passerait outre si on la lui refusait ; cette lettre fut envoyée au Grand-maître et rendue publique, et elle ne contribua pas peu à augmenter l'espèce de sécurité dans laquelle on vivait, et d'après laquelle on agissait (1).

La demande du général Bonaparte fut refusée par une lettre assez insignifiante. Le consul la porta et ne revînt pas. Tousard crut alors que le moment était favorable pour obtenir du Grand-Maître des ordres trop

---

(1) Je suis loin de vouloir inculper le caractère de Dolomieu, sans doute il a été trompé lorsqu'il a écrit cette lettre, et sa conduite postérieure à dû le prouver.

long-temps refusés ; le grand conseil l'avait chargé de pourvoir à tout ce que les circonstances pouvaient exiger ; chargé d'une responsabilité si grande, il semblait devoir prendre une activité proportionnée au péril où nous étions, et que les instances du commandant du génie seraient mieux écoutées. Que l'on juge de son étonnement, lorsqu'après l'avoir laissé parler assez long-temps, il se tourne vers lui, et d'un air moqueur lui dit : « est-ce que vous croyez bonnement que les français veulent nous attaquer ? » On peut croire à son indignation et combien il lui fût difficile de concilier ce qu'il devait à son rang, avec les sentimens qu'il lui inspirait.

Le conseil de guerre s'était encore assemblé deux fois dans ce jour avec autant d'inutilité ; Tousard avait fait retirer l'ordre donné la veille de faire mettre du canon dans la redoute du Lembi, parce que le commandant de l'artillerie ne l'avait pas exécuté ; il ne le fut pas davantage dans le jour ; il avait reçu dans l'assemblée du soir des pouvoirs assez étendus, mais non pas celui d'armer les points de la ville qui devaient l'être :

il alla sur le moment à l'arsenal demander
que l'on fit armer sans délai cette batterie,
que cela pouvait se faire de nuit comme de
jour. Il obtint toutes les promesses possibles.

Il avait été dans l'après-midi au fort Tigné
pour quelques travaux indispensables, et le
gouverneur de ce fort, le chevalier de Mont-
Canisx, bon officier de cavalerie, très-estimé
dans son arme pour ses talens, sa bravoure
et son honnêteté, l'avait prié de représenter
au Grand-Maître qu'il n'avait aucune connaissance de la défense des places, et de le faire
remplacer par un officier plus à même que
lui de défendre ce poste intéressant. Il était
occupé de chercher quelle serait la personne
à proposer au Grand-Maître, lorsqu'il trouva
à l'artillerie le commandeur de Rosan, officier
d'artillerie qui avait fait la guerre, et auquel
on donnait du talent; il avait fait le dernier
siège de Mahon, et jouissait d'une forte pension de l'Espagne, accordée pour ce siège. Cet
officier vint au-devant de Tousard, et lui
fit des offres de service, relatives aux circonstances. Celui-ci lui proposa de se charger de
la défense du fort Tigné. Ce fort était neuf,

muni de casemates à feu de revers, de logemens casematés et crénelés, avec un fossé de 10 toises, taillé dans le roc et une contrescarpe de 18 pieds; il n'était pas insultable par la gorge; de plus, il était armé de 20 pièces de canon de gros calibre, de 4 pièces de quatre; il avait un fort approvisionnement de poudre, 200 hommes de garnison de troupes réglées, il était soutenu de tous côtés par la place et les forts voisins, et avait sa communication assurée avec la place. Rosan accepta et fut nommé par le Grand-Maître. Tousard alla l'y installer dès la pointe du jour suivant et lui en montrer toutes les ressources. Il lui fit aussi porter des bois de palissades, et tout ce dont il pouvait avoir besoin. Il crut, d'après cela devoir être tranquille sur ce point.

Ricazoli était sous le commandement du bailli de Clugny, officier-général français. Sa position n'était pas si assurée; on n'avait jamais voulu finir une longue branche de glacis devant la gauche de ce fort; mais, malgré cela, il était bien palissadé; il avait 60 pièces de canon de tous calibres, de la poudre en abondance, 300 hommes de garnison, et l'on pouvait être en état de s'y défendre long-temps.

Le fort Manoel qui était bien muni en tout genre, n'offrait aucune inquiétude, s'il était défendu : la ville et la Floriane qui ne pouvaient être attaqués qu'après la chûte des portes extérieures, n'en donnaient pas davantage. Quoique l'on fut arrivé au dernier moment, sans que la tête de la Floriane eut été armée d'artillerie, elle pouvait bien être livrée ou abandonnée aux français, mais non pas enlevée; on ne pouvait raisonnablement craindre que pour l'enceinte de Ste. Marguerite et de la Cotonère; mais leur chûte, quoique très-fâcheuse, n'entraînait pas celle de la ville, et si l'on avait renoncé à l'absurde plan de campagne que l'on avait adopté, et que l'on eut pris les précautions de police et de sûreté que l'on devait prendre, on aurait encore pu garnir ces places et tromper l'espoir des traîtres qui comptaient les livrer : au lieu de cela, tous les régimens étaient dehors; une multitude de chevaliers français étaient dans la campagne isolée avec eux; des généraux sans expérience devaient faire agir des paysans inhabiles, dont ils ne savaient pas la langue, et dans l'esprit desquels on avait fait circuler la plus forte persuasion qu'ils étaient trahis par leurs officiers, membres de l'Ordre. On avait bien dit qu'il fallait se défendre, mais on n'avait arrêté aucun plan, ni pris aucun moyen de défense, en sorte que personne ne savait ce qu'il devait faire.

Telle était la situation militaire de Malte, à la veille des attaques. Celle des esprits n'était pas meilleure ; l'inquiétude régnait de toute part. Elle était vague, mais elle en était plus fâcheuse; les membres de l'Ordre parlaient aussi de trahison et la craignaient, mais ils n'étaient pas assurés de ceux sur lesquels il fallait fixer cette opinion, par l'adresse de ceux qu'elle devait regarder, qui détournaient les soupçons de dessus eux, pour en revêtir ceux auxquels ils convenaient le moins. Ceux qui auraient pu dénoncer les traîtres, assurés qu'une pareille dénonciation n'aurait produit aucun effet salutaire, mais au contraire une discorde très-nuisible, gardaient le silence, et ils se contentaient d'être sur leurs gardes. Rensijat, le chef du parti français, n'avait plus gardé de mesures ; assuré de la réussite de son parti, il n'avait plus rien à craindre et leva le masque. Il écrivit au Grand-Maître que toute résistance contre les français étant contre son opinion, il remettait son emploi entre ses mains, et demandait qu'on s'assurât de sa personne. On le fit, et on lui rendit service ; car s'il avait été obligé de se montrer dans le moment de l'attaque, sa vie eût été compromise.

Pendant toute la nuit du quatrième au cinquième jour, qui fut celui de l'attaque, la flotte faisait des signaux continuels que l'on prit pour de simples signaux de ralliement. Quoiqu'on prît quelques précautions de défense, on ne pouvait pas encore se persuader que l'on serait attaqué.

A la pointe du jour Tousard fit le tour des postes, et vit qu'on n'avait pas mis le canon dans la redoute du Lembi ; il pria Rosan d'y envoyer ses pièces de 4 et de jetter du monde dans cette redoute et l'église qui y tient ; il n'y a que 180 toises de distance, et un très-beau chemin ; cela pouvait être rapidement transporté; il n'en fit rien. Il alla aussi-tôt après à Ricazoli pour voir si les travaux avançaient; seul de son arme, son embarras et sa peine étaient infinies. Il perdait beaucoup de temps en courses et ne pouvait arriver à tout.

Pendant qu'il était à Ricazoli, le canon se fit entendre du côté du fort Tipné, qu'il quittait; le débarquement s'effectuait de toute part, mais la vue d'un grand nombre de chaloupes armées de canons et de soldats, qui cherchaient à aborder par-tout, ne fut point regardée comme une hostilité qui devait engager à une juste défense; le Grand-Maître qui avait défendu qu'on tirât sans son ordre, voulait qu'on attendit le premier coup de fusil pour tirer.

Le général Bonaparte descendit à la cale suspectée et qu'on avait en vain ordonné d'armer. Cent pièces de canon de gros calibre et 20 mortiers pouvaient le foudroyer avant qu'il approchât de terre; aucune ne tira; *il fallait attendre d'être attaqué.* On le fut comme on voulait l'être. Le régiment de milice de Birkarkara qui couvrait ce point, ayant à sa tête le prince Camille, jetta ses armes et s'enfuit sans faire aucune résistance, disant : *qu'il était trahi*; il était excusable dans son soupçon, car si les batteries avaient fait leur devoir, jamais débarquement n'aurait dû s'effectuer en cet endroit.

La division du général Desaix effectua sa descente entre Scirop-el-Agil et le Tombarello; elle n'eut que quelques coups de canon à essuyer; dès que les français eurent mis pied à terre, les milices chargés de soutenir ce point, se dissipèrent; ils firent beaucoup de prisonniers, et se portèrent aussi-tôt sur le Casal-Zeitun, dont ils s'emparèrent sans résistance, et sur le fort Rohan; ce fut le seul point qui se soutînt. Le commandant, sans vivres pour sa troupe, capitula au bout de 36 heures.

On fit feu dans d'autres points plus éloignés, à St. Paul et à la Caura, mais la molle résistance qui se fit ne servit qu'à confirmer la méfiance qui avait trop germée dans l'esprit des Maltais : l'artillerie des forts, des côtes et des tours, dont on avait renouvellé les munitions, peu avant ce moment, ne fesait aucun effet, et des boulets de 12, 18 et 20 n'allaient pas à 150 toises (1).

On attaqua en même-temps le Goze : le général Regnier fut chargé de cette opération, et le point où il effectua sa descente était sous celui où devait être construite la redoute dont le Grand-Maître avait arrêté la construction près de la tour neuve. Les milices du Goze s'étaient portés sur ce point, où des rochers sans nombre amoncelés au bord de la mer, leur offraient des retranchemens naturels très-difficiles à forcer, mais après avoir fait une décharge précipitée, et qui ne tua personne, ils s'enfuirent au premier feu des français ; le Goze et le fort Chambrax se rendirent sans résistance ; la conquête de cette isle fut l'affaire de peu d'heures.

---

(1) Ce fait m'a été assuré par des officiers français qui ont attaqué la tour rouge, et le port St. Paul, et le chevalier de St. Simon, qui était à la tour rouge, m'a dit la même chose.

Tousard

Tousard arriva au palais pour prendre les ordres du Grand-Maître; le canon alors tirait de toutes parts et presque par-tout aussi inutilement qu'il aurait pu le faire avec utilité une heure avant; la confusion remplaçait la sécurité si étrange de la veille. On le laissait le maître de tout ordonner et de pourvoir à tout, mais avec l'injonction de revenir aussi-tôt, le prince ayant, disait-il, un besoin absolu de lui auprès de sa personne. Il retenait également le bailli de Loras au palais sous le même prétexte.

Dans un tel moment le Grand-Maître aurait dû se porter par-tout, et, par sa présence, encourager tout le monde. C'est ainsi que d'Aubusson, l'Isle-Adam et Lavalette en agissaient; ils voyaient tout par eux-mêmes et animaient tout le monde par leur exemple; Hompesch, sans mouvement et sans action, renfermé dans son palais, était loin de ces modèles.

Tousard court aussi-tôt qu'il en reçoit l'ordre; il envoie, au nom du Grand-Maître, des chevaliers et des soldats dans la campagne

H

pour rassembler des bestiaux. Il n'y en avait
pas dans la ville. Il se porta à l'avancée de
la Floriane pour aller recueillir les fuyards et
les habitans de la campagne qui se précipitaient
dans la ville, remplis de terreur ; le prince
Camille rentrait alors avec le peu de monde
qui ne l'avait pas abandonné. On s'occupa
ensuite de faire disposer les milices bourgeoises
qui arrivaient dans les chemins couverts de la
Floriane ; comme il se concertait avec les
chevaliers qui commandaient ces compagnies, un
chevalier provençal, qui avait quelques connais-
-sances dans l'attaque et la défense des places,
s'offrit à lui pour exécuter les dispositions à
faire, et il l'en chargea au nom du Grand-
Maître ; mais il fut impossible de persuader
à ces milices de garnir les chemins couverts
qui n'étaient pas palissadés. C'était une trahison ; on voulait les livrer sans défense à leurs
ennemis. Elles consentirent avec peine à gar-
der un couvre-face qui embrasse les fronts de
la Floriane, quoiqu'il y eut un fossé de 24
mètres de large, une escarpe et une contrescarpe ; revêtue ou taillée dans le roc, la
première ayant au moins 8 mètres de hauteur.
Toussard qui croyait avoir pourvu autant qu'il

était en lui à la sûreté de ce point, rentra dans la ville pour faire retirer cette multitude de femmes et d'enfans, qui, errans et pleurans dans la ville, y semaient la terreur et le mécontentement. Il les plaça dans des couvens et fit assurer leur nourriture, et il revint aussitôt au palais, auprès du Grand-Maître, qui ne savait rien de ce qui se passait au-dehors, et ne prit aucune mesure pour s'en assurer ; il n'osait envoyer personne ; cependant les chevaliers qui avaient été chargés de rassembler les bestiaux de la campagne, étaient rentrés sans avoir vu d'ennemis, et avaient ramené des bestiaux. Les troupes étaient encore éparses au-dehors, celles qui rentraient ne donnaient aucune nouvelle des autres. Les batteries de la ville et des forts tiraient à coups perdus sur la campagne et sur la mer, et l'on prodiguait les munitions de gros calibre, dont on était peu pourvu. Le Grand-Maître, averti par Tousard, fit ordonner qu'on ne fît qu'un emploi sage et raisonné de l'artillerie, mais il ne fut pas obéi ; le même gaspillage continua.

Il y avait dans la ville et sur le port une

artillerie innombrable, et il n'y en avait pas
encore à la Floriane; le commandant du génie
sollicita l'ordre d'en prendre pour garnir ce
point intéressant. Il lui fut encore refusé; on
ne le lui accorda que l'après-midi, et il ne
put alors, ni par obéissance, ni à prix d'or,
faire transporter 12 pièces qu'on lui avait per-
mis de prendre.

On crut enfin qu'on pouvait penser à évacuer le grand magasin à poudre de la Cotonère,
et le bailli de la Tour-du-Pin fut chargé de
cette opération.

Il n'avait paru aucune troupe à la vue de
la ville, mais la Cotonère avait été reconnue
par les officiers de l'état-major de la division
de Desaix. Les amis de la france avaient peint
cette conquête si aisée, sans doute d'après les
facilités qu'il comptaient donner, que ce général, qui peut-être n'avait pas cru que la
trahison fut portée à ce point, avait donné
l'ordre de l'escalader; mais ils furent très-
étonnés de trouver un rempart de plus de 30
pieds de haut, d'une maçonnerie excellente;
ils se contentèrent d'en faire le tour; on leur

tira quelques coups de fusil, mais arrivés à la porte de Zabar, on les appela et on leur dit de ne rien craindre, qu'ils avaient beaucoup d'amis dans la ville et qu'ils en verraient la preuve.

Ce fut à la suite de cela qu'un des principaux officiers de cet état-major fut envoyé dans le jardin, sur le port de la sangle, pour reconnaître la possibilité d'introduire les troupes françaises par là ; cette ouverture était destinée à leur livrer le lendemain cette partie de la ville.

Cependant le désordre augmentait ; comme on ne s'était préparé aucun moyen de correspondre avec la campagne, on ignorait le sort des troupes et des officiers qui y étaient, on ne pouvait leur faire passer aucun ordre ; les troupes qu'on essayait de faire sortir disaient que c'était pour les livrer à l'ennemi. Deux chevaliers qui étaient à la tête de quelques soldats sur les hauteur de la Pieta, ayant voulu marcher en avant pour leur donner l'exemple, furent saisis par eux et ramenés dans la ville, acablés des plus mauvais traitemens. et l'on vint dire au Grand-Maître que c'étaient deux officiers français que l'on avait fait prisonniers. Tousard qui fut envoyé pour les raisonner et les mettre hors des mains du peuple, fut fort surpris de trouver deux chevaliers que ce peuple semblait vouloir déchirer; il sauva le premier qui était à la tête de la foule, mais il ne put empêcher le second, qui était à la queue, d'être percé de coups; le premier était le chevalier Duquesnoi, et le deuxième Deroux.

Il ne fut pas la seule victime; on en massacra plusieurs dans la campagne; Montazet-à-Ben-Isa, dans la rade de Marsa-Sciroc, fut mis en pièces par les soldats qu'il commandait. D'Audelard, officier de garde à la principale porte de Malte, fut tué avec un soldat dans son corps-de-garde, où il avait fait entrer un autre chevalier pour le sauver. Il serait trop long de retracer ces scènes d'horreur, fruits de l'intrigue du parti français, qui avait inculqué dans la tête de ce peuple, facile à abuser, le plan d'une trahison pour le porter à ces assassinats, dont le résultat devait être une désorganisation complette. A midi le chevalier de Rosan, qui commandait dans le fort Tigné, fit dire qu'il ne pouvait plus y tenir et demanda à se retirer et à le détruire. Il n'était pas attaqué et n'avait pas un ennemi devant lui ; le Grand-maître lui fit commander d'y rester ; deux heures après il envoya sa démission et se retira dans la ville ; il fut relevé par le chevalier de Reickberg, bavarois.

Ceux qui étaient chargés de la défense du fort Manoël avaient plusieurs fois fait demander le commandant du génie, sans que le Grand-Maître voulut lui permettre d'y aller ; ils envoyèrent enfin le chevalier de Laqueuille pour le lui demander de nouveau : ce ne fut pas sans peine qu'ils l'obtinrent, ce ne fut même qu'avec l'injonction de revenir dans le plus court délai. Il trouva tout en désordre dans ce fort ; les canoniers, maîtres des pièces, usaient les munitions de 24 à tirer sur quelques tirailleurs épars dans la campagne, et n'écoutaient pas leurs chefs qui voulaient les en empêcher ; ils avaient abandonné tous les dehors de la place, et étaient renfermés dans l'enceinte principale. Tousard ne put pas obtenir d'eux plus que leurs chefs, qu'il laissa, après avoir satisfait aux objets de leurs demandes. Pendant qu'il traversait le port, on tira cinq coups de fusil sur la barque qui le portait avec Laqueuille, et les coups partaient de la quarantaine; il rentra au palais; de toutes parts il venait des plaintes de trahison contre les chevaliers répandus dans les différens postes de la ville, et ces plaintes étaient presque toujours portées par la classe de Maltais la plus suspecte; le Grand-Maître les écoutait paisiblement et semblait encourager ces délations; quelques-unes portaient un caractère de rebellion qui aurait mérité d'être réprimé; on se bornera à en citer un seul exemple. Un officier d'un régiment de milices qui était placé au fort Ricazoli, vint d'un air très-audacieux au Grand-Maître : « Monseigneur, lui dit-il, on nous trahit; les « chevaliers qui commandent au fort Ricazoli « nous refusent de la poudre; j'ai pris les « soldats de ma compagnie, j'ai enfoncé le « magasin à poudre et j'en ai distribué à tout « le monde. » Le Grand-Maître accueillit avec bénignité un tel avis, frappa sur l'épaule de l'orateur et le renvoya à son poste. La suite repondit au début et à la faiblesse de Hompesch ; bientôt les chevaliers de ce poste furent gardés à vue , et l'on fut réduit à craindre pour les jours du bailli de Clugny , homme respectable par son âge et ses mœurs , qui était chargé du commandement de ce fort.

Une foule de traits de ce genre se succédaient ; l'insubordination et le désordre étaient à leur comble ; le chevalier , laissé par le commandant du génie au couronnement de la Floriane , vînt lui dire qu'il ne pouvait plus y tenir , que les soldats avaient été plusieurs fois au moment de le fusiller , et qu'il renonçait à conduire des soldats qui ne voulaient pas obéir. On fesait circuler les bruits les plus absurdes , au point qu'en plein jour , un chevalier bavarois de la maison du Grand-Maître , vînt tout effaré lui annoncer que les français venaient d'enlever la Floriane ; Toussard , qui était avec le prince , démentit durement cette nouvelle , qui avait jeté la consternation dans le palais , et qui était effectivement fausse.

L'on ne voyait que très-peu de monde au dehors. Le commandant du génie proposa au

Grand-Maître de lui donner 600 hommes pour faire à la nuit tombante une sortie ; il voulait reconnaître sur le pourtour de la place, la disposition des français, tâcher d'enlever quelque poste, et de savoir par les prisonniers ce qui devait être tenté par l'armée française ; si c'était un siège en règle, ou seulement une montre, pour répandre la terreur, et profiter du désordre qu'elle causerait. Sa proposition fut rejetée par le Grand-Maître, mais elle était sue une heure après dans l'armée française (1).

Il se préparait une opération fatale à l'Ordre, et c'était dans le palais même du Grand-Maître qu'elle se machinait. On excitait les principaux de la ville à demander qu'on traitât avec les français, et de fait, à la nuit tombante, une députation de la ville demanda à

---

(1) Lorsque les députés de l'Ordre furent envoyés à bord de l'Orient, un des officiers français qui était sur le Canot qui les portait, demanda qu'est-ce qui avait empêché la sortie qu'on devait faire la veille, qu'elle avait été promptement sue par eux, et qu'on était préparé à la recevoir.

être introduite; elle était composée des mêmes maltais qui ont été envoyés pour la convention de reddition, l'un d'eux prit la parole et dit : « Que l'attachement de la ville pour « leur souverain était sans bornes, qu'ils « étaient disposés à verser leur sang pour « lui, mais qu'ils étaient environnés de traî- « tres et qu'ils ne pouvaient pas résister à la « trahison : ils demandaient en conséquence « au Grand-Maître de traiter avec les français, « et lui faisaient entendre clairement qu'à son « refus, ils traiteraient pour leur compte. » Ils n'avaient pas attendu cette déclaration, car ils avaient expédié une lettre au général Bonaparte pour lui offrir de faire un traité particulier ; mais quelqu'un intercepta cette lettre, et, l'empêchant d'arriver à son adresse, arrêta l'effet de cette trahison.

Le Grand-Maître écouta paisiblement cette déclaration, qui inculpait son Ordre aussi in- dignement, et leur répondit qu'il la commu- niquerait à son conseil. Il fut indiqué pour dix heures du soir. Pendant ces intervalles, les bruits d'assassinats et les plaintes de trahison ne cessaient d'arriver au palais. Une clameur plus vive que les autres s'éleva au sujet du fort du Salvador. On a vu avec quelle promptitude ce fort avait été armé d'après les inquiétudes qu'on avait eues sur lui. Le bailli de la Tour-du-Pin était à la Cotonère chargé d'évacuer le magasin à poudre ; sa dignité lui donnait droit de commander ; il voulut faire une tournée, et il arrive à ce fort, qui avait été si promptement armé et dirigé par des conseils que son impéritie ne lui permettait pas de juger ; il donne l'ordre de l'évacuer à l'instant. Les maltais refusèrent d'obéir à un ordre aussi ridicule, qu'ils imputèrent à la trahison de cet homme inepte, au lieu de la rejetter sur son peu de moyens. Ils arrêtèrent les chevaliers qui défendaient le fort, comme complices, et envoyèrent au Grand-Maître une députation qui s'énonça de la manière la plus véhémente, disant qu'ils se défendraient seuls, qu'ils ne recevraient aucun chevalier, qu'il pouvait se dispenser d'envoyer de nouveaux traîtres. Cette députation fut reçue avec la même tranquillité que les autres, et l'on ne punit pas la Tour-du-Pin de l'ordre qu'il avait donné ; ordre d'autant plus inexcusable, qu'étant du conseil de guerre, il devait sentir l'importance de ce fort, qui y avait été démontré, et qui avait décidé son armement rapide.

Quelques momens avant le conseil, des clameurs se répandent dans la ville, on crie de toute part *ajuto al palazzo*. Des hommes qui fesaient les effarés, traversent la place du palais en jetant les mêmes cris. Ceux-ci étaient peu nombreux ; Tousard en fait arrêter un, le consigne à la garde, le bruit cessa en un moment, mais lorsqu'on voulut interroger cet homme, il ne se trouva plus ; il était venu un ordre de le relâcher sans qu'on ait pu découvrir qui avait porté cet ordre.

Cependant le conseil s'assemblait, la députation maltaise n'avait pas quitté le palais, et elle fut admise au conseil. On venait à peine de fermer les portes, que le chevalier de Ligondés, chambrier-major du Grand-Maître, homme plein de zèle pour son Ordre, s'approche de Tousard d'un air consterné : « La Floriane est prise, lui dit-il, je n'en puis douter, elle a été tournée par les maisons, le chevalier qui était à ce poste arrive et rapporte ces clefs, » et il les lui remit en même-temps.

Cet officier avait trompé Ligondés et il était d'autant plus facile de croire à cette nouvelle, que l'on savait que toutes les milices s'étaient retirées, et qu'il ne restait à la Floriane que quelques chevaliers, avec un petit nombre de soldats, qui, étant tournés par le poste que l'on a nommé, devaient être enlevés sans résistance.

Tousard également trompé, se fait ouvrir la porte du conseil, passe derrière le fauteuil du Grand-Maître : « Monseigneur, lui dit-« il, composez votre visage, j'apporte une « mauvaise nouvelle. On vient de me remet-« tre ces clefs, en m'assurant que la Flo-« riane était prise, mais quand cela serait, « rien n'est encore désespéré. Je vais assurer « la tête de la Valette, et je verrai à sortir « pour reconnaître notre situation. » Hompesch le lui ordonne, et Tousard part. Il trouve devant la porte de la Valette le bailli de Loras, gouverneur de la ville, qui, à la tête de quelques troupes voulait se faire ouvrir pour aller voir ce qui en était : la garde était en armes devant la porte, et refusait de lui ouvrir. Tousard ne fut pas plus heureux. Ils monterent ensemble sur les remparts, un silence profond régnait à la Floriane, et ne fut interrompu que par un chevalier, qui, de la tête du pont criait qu'on lui envoya du renfort. Le commandant du génie assuré par lui qu'il n'y avait pas le moindre mouvement, mais indigné de tant de désordres, revint au conseil, et se préparait à rendre compte à l'oreille du Grand-Maître de ce qu'il avait éprouvé, lorsque celui-ci lui dit : « vous pouvez parler « haut, nous avons pris la résolution de nous « rendre. »

Il dit alors que la Floriane n'était pas prise, mais que lorsque le désordre et la désobéissance étaient portés à ce point, il était impossible d'espérer aucune défense. « *Notre parti est pris*, ajouta Hompesch ; plusieurs membres du conseil se levant lui dirent la même chose, et on lui lut la lettre que l'on avait préparée pour le général Bonaparte, qui fut changée d'après quelques reflexions de Tousard, et l'on envoya un parlementaire.

Ce général renvoya trois parlementaires avec le nôtre. Le chef de brigade Junot, son pre-

mier aide-de-camp, le commissaire Poussielgue
et Dolomieu. On devait les recevoir avec toutes
les précautions que la guerre exige, afin de
ne pas leur faire connaître notre situation in-
térieure : depuis leur arrivée jusqu'à leur
départ, tout accès fut libre auprès d'eux.
L'accueil que le général Bonaparte fit aux
députés de l'Ordre, et les conditions qu'il leur
dicta, prouva combien il était instruit de ce
qui se passait dans l'intérieur, et combien
peu les remparts de Malte, qu'il savait sans
défenseurs, lui en imposaient.

La députation fut composée des baillis Frizari,
de Rensijat et des maltais qui avaient été
signifier au grand-Maître de se rendre, et
de Doublet, comme secrétaire. On sut ce que
l'on pouvait attendre d'un tel choix et combien
peu les intérêts de l'Ordre devaient y être
défendus. Tousard fut envoyé pour traiter de
la manière de remettre les forts, et son zèle
pour l'Ordre l'empêcha de refuser une mission
dont il prévoyait toute l'humiliation.

La députation n'arriva à bord de l'Orient
qu'entre onze heures et minuit. Poussielgue
entra

entra et elle dut attendre long-temps avant
d'être admise.

Tousard défendit avec toute la chaleur dont
il était susceptible, les intérêts des membres
de l'Ordre et de son chef, qui furent entièrement abandonnés par les membres de la
députation (1).

Il était environ minuit lorsque l'on commença à discuter les articles de la reddition,
discussion qui dura jusqu'à quatre heures du
matin, dont le résultat fut la convention
suivante.

---

(1) J'invoque le témoignage de ceux qui étaient
présens et du général Bonaparte lui-même ; qu'ils
disent si je n'ai pas seul défendu cette cause abandonnée, et si mon importunité (qu'on me passe ce
terme) n'a pas amélioré la condition de tous les
individus de l'Ordre, à commencer par son chef.

I

CONVENTION

Entre la République française, représentée par le citoyen général en chef Bonaparte, d'une part;

Et l'Ordre des chevaliers de St. Jean de Jérusalem, représenté par M. le bailli de Turin, Frizari, le commandeur de Bosredon Rensijat, le baron Mario-Testa-Ferrata, le docteur Nicolas Muscat, l'avocat Benedetto-Schembri et le conseiller Bonanno, de l'autre part;

Et sous la médiation de S. M. Catholique, représentée par M. le chevalier Philippes Amat, son chargé d'affaires à Malte.

I. Les chevaliers de St. Jean de Jérusalem remettront à l'armée française, la ville et les forts de Malte. Ils renonceront en faveur de la République française au droit de souveraineté et de propriété qu'ils ont sur les isles de Malte, du Goze et du Cumin.

II. La République française employera son influence au congrès de Rastadt pour faire avoir au Grand-Maître, sa vie durant, une principauté équivalente à celle qu'il perd, et en attendant elle s'engage à lui faire une pension annuelle de 300,000 francs; il lui sera donné en outre la valeur de deux années de sa pension à titre d'indemnité, pour son mobilier. Il conservera pendant le temps qu'il restera à Malte, les honneurs militaires dont il jouissait.

III. Les chevaliers de l'Ordre de St. Jean de Jérusalem qui sont français, actuellement à Malte, pourront rentrer dans leur patrie, et leur résidence à Malte leur sera comptée comme une résidence en France.

IV. La République française fera une pension de 700 francs aux chevaliers actuellement à Malte ; cette pension sera de 1000 francs pour les chevaliers sexagénaires et au-dessus.

La République française employera ses bons offices auprès des Républiques Cisalpine , Ligurieune , Romaine et Helvétique , pour qu'elles accordent les mêmes pensions aux chevaliers de ces différentes nations.

V. La République française employera ses bons offices auprès des autres puissances de l'Europe pour qu'elles conservent aux chevaliers de leurs nations , l'exercice de leurs droits sur les biens de l'Ordre de Malte , situés dans leurs états.

VI. Les chevaliers conserveront les propriétés dont ils jouissent dans les isles de Malte et du Goze , à titre de propriétés particulières.

VII. Les habitans des isles de Malte et du Goze continueront à jouir comme par le passé du libre exercice de la religion catholique , apostolique et romaine. Ils conserveront les propriétés et privilèges qu'ils possèdent. Il ne sera mis aucune contribution extraordinaire.

VIII. Tous les actes civils passés par le gouver-nement de l'Ordre, seront valables et auront leur exécution.

Fait double, à bord du vaisseau l'Orient, devant Malte, le 24 prairial an 6 de la république fran-çaise (le 12 juin 1798, v. s.).

Signé *Bonaparte ;* (*L. S.*) le commandeur *Bosredon Rensijat;* il barone *Mario Testa-Ferrata;* il doctor *G. Nicol. Muscat ;* il doctor *Bened. Schembri;* il consigl. *F. T. Bonanni, Commiss.* il Bali di *Torino Frizari,* salvo il dritto di alto dominio che appartienné al mio-sovrano, comme *re* delle due Sicilié. (*L. S.*) il cabaliero *Felipe de Amat.*

Il fut fait en outre une autre convention pour ré-gler la forme et le moment de la reddition des forts.

Il serait trop long de retracer toutes les discus-sions qui eurent lieu pour la conclusion de ce traité, mais il n'est pas hors de propos de remarquer que sans les vives instances de Tousard, le sort du Grand-Maître eût été bien différent de ce qu'il a été fixé, et que bien que le sort des individus de l'Ordre fut très-modique, c'est encore lui qui l'a fait augmenter. La clause de la principauté en Allemagne vint toute entière du général Bonaparte, qui écrivait lui-même les articles du traité, et elle ne laissa pas que de paraître singulière à ceux qui savaient que Poussielgue avait fait cette proposition à son premier voyage.

Ce traité fut ratifié sans restriction par le Grand-Maître et le conseil, et dès l'après-midi du même jour la ville et les forts furent occupés.

Le Grand-Maître eut beaucoup de choses à traiter avec le général Bonaparte, et ce fut Tousard qu'il choisit pour ces négociations. Il fallait tout le dévouement qu'il était résolu de montrer à son Ordre, dans la personne de son chef, pour lui faire accepter cette mission, qui devint cependant moins pénible par la manière honnête et généreuse avec laquelle le général Bonaparte accueillit les demandes de ce prince. Elles lui furent toutes accordées.

Hompesch partit de Malte sur un bâtiment impérial qui se trouvait dans le port, et escorté par une frégate française ; il emmena avec lui en chevaliers et en maltais toutes les personnes qu'il desira.

Deux jours après la flotte française appareilla pour l'Egypte.

Telle est la suite des événemens qui firent perdre à l'Ordre de St. Jean de Jérusalem les isles de Malte et du Goze. Elles lui avaient été données nues et dépeuplées : il avait versé des flots de sang pour les conserver, et il y répandit des trésors pour les porter au comble de force, de population et de richesses où elles étaient parvenues ; mais la succession des temps qui lui avait fait acquérir cette force locale, peupler et enrichir ces isles, avait fait naître de nombreuses circonstances de l'influence desquelles il n'avait pu se garantir, et qui avaient miné ses forces et altéré sa constitution. La nature de ses propriétés disséminées dans tous les états de l'Europe, l'obligeant à fléchir sous les volontés des souverains sous la domination desquels elles étaient situées, la moindre résistance était suivie d'une menace de saisie, et l'on ne sentit pas toujours assez qu'il valait mieux un peu moins de richesses, et plus d'attachement à sa constitution et à ses principes; les biens de chaque état, étant attribués aux chevaliers de cet état, on avait perdu de vue le vrai principe, qui était que l'Ordre seul était le propriétaire, et les chevaliers revêtus de ces biens, de simples administrateurs; et il en résultait que les saisies des propriétés de l'Ordre dans un état, les réduisaient à la misère; leurs clameurs s'élevaient et étaient redoutées du gouvernement qui cédait.

C'est ainsi, et par toutes les autres causes que l'on a développées, que cet Ordre antique et illustre s'était affaibli, lorsqu'il eut à lutter avec la révolution française. Cette révolution, qui, dans sa marche étonnante, atterrait, renversait tout ce qui s'opposait à elle, et qui allumait par-tout des incendies par les étincelles que jetait le volcan qui l'embrasait, eut plus d'accès à Malte qu'ailleurs, par ses nombreuses communications avec la France, et par le grand nombre de français que l'Ordre renfermait. Elle n'en avait séduit qu'un petit nombre, mais ils eurent le talent de profiter de l'inexpérience

des uns et de l'aveuglement des autres, pour semer
par-tout la désorganisation, tromper un gouvernement trop confiant, se servir des erreurs où il
l'entraînait pour lui aliéner le peuple, et pour inspirer à celui-ci une défiance meurtrière contre les
vrais défenseurs. Le résultat de ces trames fut la
perte de l'Ordre; il a péri en un instant; mais la
république des Suisses, si ancienne, si puissante et
si courageuse; cette république dont chaque habi-
tant était un soldat, venait de périr victime des
mêmes trames. Que pouvait faire l'Ordre de Malte,
affaibli par tant de pertes, déchiré par la division
qu'on avait semée dans son sein? La vérité avec
laquelle l'auteur de cet écrit a développé tous les
faits qu'il contient, peut lui donner le droit d'élever
la voix en faveur de son corps, non pour justifier
la faiblesse et l'aveuglement du gouvernement, mais
pour faire voir que les individus étaient sans moyens
pour échapper à tant de causes destructives, qui ont
en si peu de temps renversé des états bien plus
puissans que Malte. Au reste, la France pourra
peut-être un jour se repentir d'avoir arraché l'Ordre
de Malte de son domicile, où il ne pouvait jamais
qu'être l'ami de la France. Un simple subside fourni
par elle au trésor de l'Ordre, suffisait pour réparer
ses pertes, et lui rendre ses forces, qui se seraient
bientôt ranimées, lorsque ses partisans auraient cessé
leurs dangereuses manœuvres. Sans marine, pour
secourir la faible garnison qu'elle a laissé dans cette
isle, elle peut succomber sous les efforts de quel-

ques unes des grandes puissances, jalouses de voir une telle possession dans ses mains (1). Puissent de telles craintes ne pas se vérifier, et qu'après avoir eu le malheur de voir l'Ordre de St. Jean de Jérusalem perdre Malte, l'auteur n'aie pas encore celui de le voir enlever à la France.

J'ai rempli une tâche douloureuse et pénible, en développant les causes qui ont perdu l'Ordre de Malte, mais je le devais à la vérité; je le devais à mon honneur offensé et à celui de mes compagnons d'infortune. Quoique cet écrit contienne des vérités fâcheuses, j'en appelle à ceux qui ont connu l'intérieur de Malte; qu'ils disent si je n'ai pas affaibli tous les traits, lorsque je l'ai pu sans nuire à l'impartiale franchise qui doit caractériser tout historien.

Kéné, an 8.

TOUSARD.

---

(1) Dans les lettres écrites par Tousard aux directeurs Carnot et Letourneur, au nom du Grand-Maître Rohan, il leur dit ces mots : « Tout ce que l'ennemi de la France le plus déclaré « peut lui souhaiter de mal à l'égard de Malte, c'est que cette « isle tombe dans ses mains dans le moment où elle n'aurait « pas de marine pour la soutenir; ce serait la donner à quel- « qu'une des puissances ses rivales, et lui enlever le commerce « de la méditerranée. »

Il répéta à Malte la même chose au citoyen Poussielgue, et lui fit voir combien il était facile de soutenir l'Ordre avec un subside qui n'équivaudrait jamais aux frais d'une garnison, de l'entretien des forteresses, convois, etc., et qu'elle avait toujours trouvé plus d'avantages dans Malte, possédée par l'Ordre qu'elle ne pourrait en recevoir de Malte devenue française.

www.ingramcontent.com/pod-product-compliance
Ingram Content Group UK Ltd.
Pitfield, Milton Keynes, MK11 3LW, UK
UKHW021229140726
13695UKWH00002B/843